新格局 大流通

——江苏现代流通发展战略与关键举措研究

于林惠 著

·南京·

图书在版编目(CIP)数据

新格局　大流通：江苏现代流通发展战略与关键举措研究/于林惠著. —南京：东南大学出版社，2022.8

ISBN 978-7-5766-0179-4

Ⅰ.①新… Ⅱ.①于… Ⅲ.①流通产业—产业发展—研究—江苏 Ⅳ.①F727.53

中国版本图书馆 CIP 数据核字(2022)第 128455 号

责任编辑：马伟　责任校对：韩小亮　封面设计：毕真　责任印制：周荣虎

新格局　大流通——江苏现代流通发展战略与关键举措研究

著　　者：于林惠
出版发行：东南大学出版社
社　　址：南京四牌楼 2 号　邮编：210096　电话：025-83793330
网　　址：http://www.seupress.com
电子邮件：press@seupress.com
经　　销：全国各地新华书店
印　　刷：广东虎彩云印刷有限公司
开　　本：700 mm×1 000 mm　1/16
印　　张：12.5
字　　数：240 千字
版　　次：2022 年 8 月第 1 版
印　　次：2022 年 8 月第 1 次印刷
书　　号：ISBN 978-7-5766-0179-4
定　　价：59.00 元

本社图书若有印装质量问题，请直接与营销部联系。电话：025-83791830。

本书出版得到以下研究课题的资助

1. 江苏省重大应用研究课题"新发展格局下江苏加快建设现代流通体系的战略思路与关键举措研究"（21WTA-009）

2. 江苏省乡村振兴软科学课题"乡村振兴战略下江苏农村电商发展瓶颈及对策研究"（21ASS077）

序 言

流通问题是一个重要的经济学课题。马克思认为,社会再生产就是生产过程和流通过程的统一。生产决定流通,生产的方式决定流通的方式,而流通对生产有反作用力。"生产过程如果不能转入流通过程,看来就要陷入绝境"。随着商品经济的发展,流通对整个经济运行的作用愈来愈明显,它是上接生产、下连消费的关键环节,是社会总供给和总需求动态平衡的核心枢纽。

当前,我国进入新发展阶段,现代化经济体系逐步形成,实体经济加快发展壮大,超大规模内需潜能加速释放,数字技术引发经济形态变革,需要现代流通更大范围联系生产和消费。同时,世界贸易和产业分工格局加速调整,中国新发展格局加快构建,需要更高水平的现代流通以支撑国内大循环和国内国际双循环。因此,自党的十九大以来,我国高度重视流通体系的建设和发展,国家"十四五"时期发展规划明确提出,"健全现代流通体系,发展无接触交易服务,降低企业流通成本,促进线上线下消费融合发展,开拓城乡消费市场"。2021年国务院批复了《"十四五"现代流通体系建设规划》,这充分表明流通体系建设和流通产业发展已上升为国家战略层面加以谋划和推进。

面对新形势新要求,我国流通体系现代化程度仍然不高,还存在一些短板和堵点。从市场环境看,国内统一大市场尚不健全,商品和资源要素自由流动仍面临隐性壁垒,流通规则和标准体系建设相对滞后。从商贸体系看,传统商贸亟待转型升级,农产品流通体系明显落后,外贸发展动能减弱。从交通物流看,基础设施还不完善、网络分布不均衡,货运承载能力有待提高,应急、冷链等物流服务存在薄弱环节。从金融服务和信用建设看,流通领域融资难融资贵问题尚待解决,信用信息一体化水平有待提升。不仅如此,信息技术、互联网技术、人工智能技术等的快速发展催生了流通新业态、新模式,传统零售产业一统天下的格局被颠覆,形成网络零售与传统零售共生格局。在数字经济快速发展的环境下,如何提高流通网络发展水平?如何形成数字赋能现代流通产业的新格局?如何加强政府监管,营造公平竞争环境?这些问题对现代流通体系的研究提出了新任务。在构建双循环发展格局的背景下,聚焦现代流通体系的建设具有非常重要的理论和应用价值。

于林惠教授所著的《新格局 大流通——江苏现代流通发展战略与关键举措研究》一书,是以江苏现代流通体系为研究对象,基于大量的问卷调研、实地访谈等一手资料以及运用扎根理论、案例分析、比较研究等研究方法,从理论和实践相结合的视角对江苏现代流通体系进行了深入的研究。

于林惠教授充分挖掘了现代流通体系的理论根源,深入探讨了现代流通体系基本内涵、主要命题和建设路径,并以此为基础,对江苏现代流通体系的建设现状、存在问题及制约因素进行了深入分析,充分借鉴国内外现代流通体系建设成功经验,系统提出江苏现代流通体系构建的战略思路和关键举措,并在研究观点、研究方法、研究体系、政策建议等方面取得了创新性成果,主要体现在以下几方面:

第一,基于世界湾区实践,揭示了区域流通体系发展的一般规律。通过世界三大湾区,即纽约湾区、旧金山湾区、东京湾区的发展历程,发现湾区有如下要素特征:建有发达的综合立体交通体系、具备强有力的人口集聚效应、拥有丰富且高质量的教育资源、形成国际知名的产业群落、具有多元包容开放的文化环境,并指出湾区"港口经济—工业经济—服务经济—创新经济"发展的一般路径。

第二,坚持系统思维,对江苏区域流通体系战略进行了创新设计。利用扎根理论,通过"开放性编码—主轴编码—轴心编码",构建现代流通体系网络图模型。基于该图模型,内在本质逻辑、资源优化逻辑及环境影响逻辑,提出"营建转培通"五字战略,力求实现政策的系统性合力效果。

第三,突破数据局限,强化了区域流通体系战略研究中的实证研究。立足当前时代背景,以江苏为案例地,对苏南、苏中、苏北流通体系中的场站、通道、流通企业、农村物流等关键要素进行问卷调研、质性访谈以及数据统计分析,获取了大量江苏流通体系的一手资料及数据,并基于扎根理论软件分析的高频词,提炼江苏现代流通体系的痛点,以求政策措施的有效性。

第四,面向政策创新,提出了系列具有前瞻性、针对性的发展建议。针对现实流通体系的痛点及短板,提出了"以解决'红眼货运'进城难为抓手,加大放管服,打破'九龙治水'管理局面""优化机场补贴机制,打破等、靠、要政府航线补贴的困局""以快递包装为突破口,强制推行绿色、低碳、循环的标准化、通用化流通技术体系"等具有可行性、可操作性的措施建议,所形成的决策咨询报告获得了江苏省委主要领导的批示,对相关政策的制定产生影响。

于林惠教授及团队撰写而成的这一著作,给人以诸多深刻而有益的启迪,是一部精品力作。相信该著作的出版,对我国流通体系发展及相关领域理论研究和教学实践具有重要的理论参考价值,对政府相关部门的政策实践也有重要的指导意义,也必将对加快江苏区域现代流通体系建设起着积极的推动作用。同时,也希望于林惠教授在此项研究成果的基础上,密切关注世界经济的变化、趋势及特点,倡导问题导向的研究作风,继续深入探讨中国现代流通体系建设的战略思路和关键路径,不断为中国经济转型发展和高质量发展理论研究做出新的贡献。

2022 年 6 月 8 日

范从来,教育部长江学者特聘教授(2006 年),国务院学位委员会理论经济学学科评议组成员(第六届、第七届)。曾任南京大学校长助理,现为教育部人文社会科学重点研究基地南京大学长三角经济社会发展研究中心主任,中国经济发展研究会副会长,江苏省市场经济研究会会长。

前　言

当今世界正经历百年未有之大变局。全球产业链供应链加速重构,国内外经济格局发生深刻复杂变化,不确定性和风险挑战进一步增多。目前,我国进入"十四五"发展新时期,面对复杂多变的国际市场环境以及中美贸易摩擦的频繁加剧,以习近平同志为核心的党中央提出要加快构建以国内大循环为主体、国内国际双循环相互促进的新发展格局。新发展格局的形成,"必须把建设现代流通体系作为一项重要战略任务来抓"(2020年中央财经委员会第八次会议),因为现代流通体系在国民经济中起着基础性作用。

江苏作为我国制造业大省和经济强省,在"十三五"期间出台一系列流通政策,极大地促进了流通体系的发展,表现在流通网络的持续扩大、流通能力的显著增强、物流费用的逐年下降、物流服务的不断提升、物流企业口碑的增长、农村电商物流的快速发展、外贸经济的持续增加、贸易结构的不断优化等。但对比发达国家的人均GDP、流通费用、高新技术产业等显性指标仍有较大差距,从流通体系深究问题,发现江苏在"干线—支线—末梢"的总体流通布局、通道间的连通性、流通企业的品牌化、区域的差异性、产业链和供应链的升级等方面存在诸多问题。

2021年初,加快建设现代流通体系再次被列入《江苏省人民政府工作报告》。可以看出,"十四五"期间,江苏加快建设现代流通体系是构建江苏新发展格局、壮大新发展动能、形成新发展优势的重要支撑。为此,本书以江苏现代流通体系为研究对象,通过文献搜集法、问卷调查与数理统计、扎根理论与质性访谈、案例借鉴与实证研究等方法,主要研究如下内容:

(1) 江苏现代流通体系的建设现状分析。根据官方统计数据、调研问卷数据、访谈资料等,梳理相关流通政策,总结江苏目前流通通道、场站、流通网络、农村物流、物流企业、外贸企业等现状。

(2) 江苏现代流通体系存在的问题及制约因素分析。选取苏南、苏中和苏北地区的典型样区进行实地调研,深入挖掘当前江苏现代流通体系存在的主要问题、堵点和难点。同时,从信息、信任、机制体制、基础设施网络、人才等方面分析制约因素等。

（3）国内外现代流通体系建设的成功经验。选取国内外现代物流体系典型案例，如纽约湾区、旧金山湾区、东京湾区、粤港澳大湾区、环杭州湾大湾区，横向比较这些湾区在综合立体交通、人口资源、教育资源、产业集群、文化环境等方面的状况，纵向跨时间分析世界三大湾区经济发展的规律，为后文江苏现代流通体系战略思路及关键举措提供借鉴。

（4）江苏现代流通体系构建的战略思路。基于"双循环"新发展格局的时代背景，从"智慧治理、智能设备、数字信息、品牌培育、人才培养、互联互通"的全方位角度构思现代流通体系战略。

（5）江苏现代流通体系构建的关键举措。结合江苏现代流通体系的建设现状及制约因素，提出引领新发展格局的江苏现代流通体系构建的关键举措，健全江苏"干线—支线—末梢"的现代大流通循环体系，加快江苏深入践行"争当表率、争做示范、走在前列"的新使命新要求。

本书研究内容新颖，系统地建立全书分析框架，注重在实践中发现问题，从理论层面分析问题，提出有针对性的措施建议，使研究成果具备实用性、可操作性。本书适合管理学硕士、博士研究生学习使用，也可作为相关单位管理者的参考用书。

本书在写作过程中参考、吸收了国内外众多学者的研究成果和实际工作者的实践经验。同时，本书的出版得到江苏省重大应用研究课题"新发展格局下江苏加快建设现代流通体系的战略思路与关键举措研究"（21WTA－009）、江苏省乡村振兴软科学课题"乡村振兴战略下江苏农村电商发展瓶颈及对策研究"（21ASS077）等资助。同时，向周玮教授、张瑜教授、王桂花教授、阮晓文博士、胡志刚博士、刘畅唱博士、竺杏月博士、沈新淇博士、陈志嘉博士、于彤彤博士、骆飞博士、顾维萍博士、崔菲菲博士、潘崇霞博士、杨俊博士、刘粉香博士、陈煜博士、黄正博士等致以最真诚的谢意！

于林惠
2022 年春于南工

目 录

1 绪论 ·· 001
 1.1 研究背景及意义 ··· 001
  1.1.1 研究背景 ··· 001
  1.1.2 研究意义 ··· 002
 1.2 国内外研究现状及发展动态分析 ··· 003
  1.2.1 我国现代流通体系的理论根源 ··· 003
  1.2.2 现代流通体系内涵探讨 ·· 005
  1.2.3 我国现代流通体系的堵点及短板 ··· 005
  1.2.4 我国现代流通体系建设构想 ··· 006
  1.2.5 研究现状评述 ·· 007
 1.3 相关概念界定 ··· 008
  1.3.1 现代流通体系 ·· 008
  1.3.2 通道 ··· 008
  1.3.3 场站 ··· 008
  1.3.4 流通主体 ··· 009
  1.3.5 流通网络 ··· 009
 1.4 研究内容 ··· 009
 1.5 研究方法及技术路线 ··· 011
  1.5.1 研究方法 ··· 011
  1.5.2 技术路线 ··· 012
 1.6 研究创新之处 ··· 013

2 江苏现代流通体系的建设现状分析 ·· 014
 2.1 流通政策指明方向，宏中微观层层把控 ··· 014
  2.1.1 国家层面关于流通体系的综合政策文件 ······································· 014
  2.1.2 省级层面关于流通体系的综合政策文件 ······································· 015

  2.1.3 其他关于流通体系的专项政策文件 ·············· 016
 2.2 流通网络持续扩大,流通能力显著增强 ·············· 018
 2.3 农村公路全面覆盖,物流服务水平不断提升 ·············· 023
 2.4 物流企业口碑增长,物流费用逐年下降 ·············· 038
 2.5 农村电商发展快速,区域差异较为明显 ·············· 046
 2.6 外贸经济小幅增加,贸易结构继续优化 ·············· 065

3 江苏现代流通体系存在的问题及制约因素分析 ·············· 067
 3.1 江苏现代流通体系存在的问题 ·············· 067
  3.1.1 流通网点布局不够均衡,干支末通道不能大联通 ·············· 067
  3.1.2 流通网络末梢不够畅通,农村流通基础设施薄弱 ·············· 070
  3.1.3 物流成本仍旧居高不下,物流企业无国际话语权 ·············· 074
  3.1.4 农村电商发展南北不一,农产品品牌竞争力不强 ·············· 076
  3.1.5 外贸企业成本急速增长,产业链供应链优化困难 ·············· 078
 3.2 制约江苏现代流通体系发展的关键性因素 ·············· 080
  3.2.1 基础设施网络能力不强大 ·············· 080
  3.2.2 流通体系机制体制不健全 ·············· 081
  3.2.3 全要素信息共享程度不够 ·············· 082
  3.2.4 企业合作信任机制不完善 ·············· 083
  3.2.5 技能与研发人才极度缺乏 ·············· 084

4 国内外现代流通体系建设的成功经验 ·············· 085
 4.1 湾区经济概述 ·············· 085
 4.2 国外案例综合横向分析 ·············· 086
  4.2.1 世界三大湾区的要素特征 ·············· 086
  4.2.2 湾区经济的创新发展路径 ·············· 091
 4.3 国内案例个体纵向分析 ·············· 092
  4.3.1 粤港澳大湾区 ·············· 092
  4.3.2 环杭州湾大湾区 ·············· 096
 4.4 启示 ·············· 098

5 江苏现代流通体系构建的战略思路 ········· 101
5.1 基于扎根理论的流通体系问题逻辑依归 ········· 101
5.2 现代流通体系的战略思路 ········· 104
5.2.1 一营：流通体系营商环境大优化 ········· 104
5.2.2 二建：流通基础设施网络强建设 ········· 104
5.2.3 三转：现代流通体系数字化转型 ········· 105
5.2.4 四培：企业品牌培育及人才培养 ········· 105
5.2.5 五通：现代流通体系的互联互通 ········· 106

6 江苏现代流通体系构建的关键举措 ········· 107
6.1 优化双链空间布局，打造互联互通大流通体系 ········· 107
6.2 健全流通网络体系，加快干支末通道融合发展 ········· 108
6.3 畅通流通神经末梢，提高流通主体核心竞争力 ········· 109
6.4 提升数字治理效能，培育流通主体发展新动能 ········· 111
6.5 搭建校企合作平台，加快技能型人才分层培养 ········· 112

7 江苏现代流通体系构建的质性访谈 ········· 114
7.1 南京禄口国际机场实地访谈 ········· 114
7.1.1 引言 ········· 114
7.1.2 访谈主要内容 ········· 115
7.1.3 小结 ········· 116
7.2 南通港码头管理有限公司实地访谈 ········· 116
7.2.1 引言 ········· 116
7.2.2 访谈主要内容 ········· 117
7.2.3 小结 ········· 119
7.3 常州录安洲长江码头有限公司实地访谈 ········· 119
7.3.1 引言 ········· 119
7.3.2 访谈主要内容 ········· 120
7.3.3 小结 ········· 123
7.4 新长铁路有限责任公司实地访谈 ········· 123
7.4.1 引言 ········· 123

    7.4.2 访谈主要内容 ································· 124
    7.4.3 小结 ·· 127
  7.5 江苏政成物流股份有限公司实地访谈 ················ 127
    7.5.1 引言 ·· 127
    7.5.2 访谈主要内容 ································· 128
    7.5.3 小结 ·· 132
  7.6 江苏飞力达国际物流股份有限公司实地访谈 ········· 132
    7.6.1 引言 ·· 132
    7.6.2 访谈主要内容 ································· 133
    7.6.3 小结 ·· 137
  7.7 中车戚墅堰机车车辆工艺研究所有限公司实地访谈 ··· 137
    7.7.1 引言 ·· 137
    7.7.2 访谈主要内容 ································· 138
    7.7.3 小结 ·· 144
  7.8 汉达精密电子(昆山)有限公司实地访谈 ············· 145
    7.8.1 引言 ·· 145
    7.8.2 访谈主要内容 ································· 146
    7.8.3 小结 ·· 150
  7.9 昆山利韬电子有限公司实地访谈 ···················· 150
    7.9.1 引言 ·· 150
    7.9.2 访谈主要内容 ································· 150
    7.9.3 小结 ·· 153
  7.10 苏州商会电话访谈 ································· 153
    7.10.1 引言 ··· 153
    7.10.2 访谈主要内容 ································ 154
    7.10.3 小结 ··· 158

8 结语 ··· 159

附录 ··· 162
  附录1 农村物流"最后一公里"调查问卷 ············· 162

附录2　物流企业调查问卷 …………………………………… 166
　　附录3　江苏农村电商调研问卷 ………………………………… 170

参考文献 ……………………………………………………………… 174

后记 ………………………………………………………………… 180

1 绪 论

1.1 研究背景及意义

1.1.1 研究背景

新发展格局是在全球经济处于百年未有之大变局背景下提出的重要战略。当前,中国进入"十四五"发展新时期,面对复杂多变的国际市场环境以及中美贸易摩擦的频繁加剧,加之全球新冠疫情常态化,给中国当前的社会经济发展带来诸多不确定因素。在复杂的国际形势下,我国正处于经济结构改革深化阶段,将逐步进入高质量发展新阶段。如何通过更强劲的创新驱动以形成更稳定、安全的经济内驱力,这是我国经济由高速增长阶段转向高质量发展阶段的时代命题。为此,以习近平同志为核心的党中央提出了"要加快构建以国内大循环为主体、国内国际双循环相互促进的新发展格局",这一重要战略部署必然会对我国经济产生重要影响。由于流通体系在国民经济中发挥着基础性作用,高效的现代流通体系对国内循环和国际循环的形成至关重要。

江苏作为全国制造业大省和经济强省,位列长江经济带和长三角一体化的核心地位,目前还在大力推进南京都市圈和淮海经济区建设。但是江苏流通体系发展存在流通网络布局不健全、流通基础设施不到位、农村流通发展层次较低等现实问题。从实证研究现状看,针对当前"双循环"的新发展格局,围绕江苏开展现代流通体系构建的实证研究尚显不足,特别缺乏翔实的一手调研数据和深入的论证分析。如何提高江苏流通网络发展水平,并与高质量发展要求相匹配?如何形成数字赋能江苏现代流通产业的新格局?如何畅通"农村最后一公里"?这些都是构建江苏现代流通体系亟待解决的重要问题。基于构建江苏省现代流通体系的迫切要求,本书立足现有研究和江苏省实际情况,在对江苏省苏南、苏中、苏北的典型区域进行大规模实地调研的基础上开展一手数据资料分析和实证研究,分析江苏现代流通体系的建设现状,挖掘江苏现代流通体系的制约因素,借鉴国内外现代流通体系建设的成功经验,提出构建江苏现代流通体系的战略思路与关键举措。通过加快建设现代流通体系,打破原先苏南和苏北的区域差异,实现省内一体化发展,将流通领域的建设成果打造成样板并辐射到全国,形成示范引领效应。

1.1.2 研究意义

(1) 现代流通体系在国民经济中起着基础性作用,支撑着新发展格局的形成,研究现代流通体系具有重要的理论价值。

马克思的《资本论》清晰阐明了流通在社会再生产过程中的重要作用,即流通在产业循环中是整个社会流通顺畅的起点,在市场循环中是整个社会流通顺畅的"血脉"。新发展格局是我国在对世界"百年未有之变局"的现实背景下所提出的新课题。蒋永穆等以扩大内需为战略基点,通过深化供给侧结构性改革,推进现代流通体系建设,坚持及完善分配制度,健全促进消费体制机制四大抓手构建了新发展格局主要路径,并指出畅通是新发展格局的本质要求。目前,国内部分学者已经探讨了现代流通体系的内涵和功能,并提出了一些初步的建设构想。但从目前实证研究现状看,针对当前"双循环"的新发展格局,围绕江苏开展现代流通体系构建的实证研究尚显不足,特别缺乏翔实的一手调研数据和深入的论证分析。本书的研究跨物流管理、行政管理、农村区域发展等学科,开拓了学术视野,构建了跨学科体系的理论框架,丰富了现代流通体系学术内涵与学理价值,提供了加快江苏现代流通体系建设、将流通领域的建设成果打造成样板并辐射到全国形成示范引领效应的思路。

(2) 现代流通体系的顶层设计优劣决定着现代流通产业水平的高低,间接影响着新发展格局形成的快慢,研究现代流通体系具有巨大的现实意义。

现代流通体系的顶层设计思想将通过流通产业在现实中直接表现出来。现代流通产业的发展水平很大程度上决定着国内和国际市场体系的融合以及国内产业和国际产业的深度接轨。目前我国流通产业仍为粗犷式发展,现实流通中的"堵点""断点"反映了流通体系设计的不健全、不完善,与所需的流通产业高质量发展不匹配,不能较好地促进新发展格局的形成。因而需要系统地研究现代流通体系,找准现实中流通体系的"痛点""短板",设计机制、制度,提出对策、建议,促进流通产业的转型升级,推进新发展格局的形成,这将具有巨大的现实意义。

（3）研究江苏现代流通体系，形成典型样板，辐射全国，具有强烈的实践价值。

众所周知，江苏作为全国制造业大省和经济强省，位列长江经济带和长三角一体化的核心地位，目前还在大力推进南京都市圈和淮海经济区建设。通过实地调研和深入分析江苏加快构建现代流通体系面临的突出问题，找到痛点和症结所在，为着力打通流通体系构建的堵点和难点问题提供科学依据；通过借鉴美国的纽约湾区及旧金山湾区、日本的东京湾区等全球著名湾区在现代流通体系建设的成功经验，为提升江苏现代流通体系的系统化、数字化、集约化和高效运营水平提供参考借鉴；通过实证研究，提出江苏加快构建现代流通体系的战略思路、关键举措和政策保障，从而在服务全国大局和新发展格局中抢占先机，将江苏建设成为"两带一路"的交会点、深化改革的先锋军和长三角区域平衡发展的典范。研究成果能够为江苏省政府、江苏省发展改革委、江苏省交通运输厅、江苏省商务厅等相关政府部门的决策提供咨询和建议，具有强烈的应用价值。

1.2 国内外研究现状及发展动态分析

1.2.1 我国现代流通体系的理论根源

我国现代流通体系的理论根源可以追溯至马克思流通经济理论。在中华人民共和国成立之初，就社会主义有无商品流通、如何认识商品流通在社会主义经济中的地位与作用等，曾引发中国政治经济理论界的巨大争鸣。随着我国社会主义市场经济体制的确立，对商品交换的认识越来越深，直至2012年，流通业在国民经济中的基础性作用以及流通产业的先导性效应在国务院文件中得以正式确定。

纵观马克思流通经济理论，马克思最早是从货币角度研究流通，在分析生产与消费、分配、交换三者一般关系时提出"流通本身只是交换的一定要素，或者也是从总体上看的交换"，并把交换分成生产过程中各种活动和能力的交换、用于制造直接消费品的产品交换、企业家之间的交换、直接为了消费的产品交换四种形式。其中，前三种交换形式组成生产，第四种交换形式独立于生产但取决于生产，因此马克思经济学说中的交换和流通"只是生产以及由生产决定的分配一方和消费一方之间的媒介要素"。马克思对资本流通过程的研究分为三个范畴，如图1.1所示，第一范畴是"社会总资本的流通"，又分成四个要求：①实际生产过

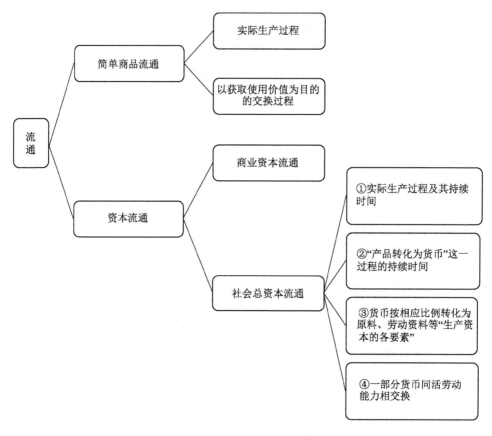

图1.1 不同层次流通概念范畴

程及其持续时间;②"产品转化为货币"这一过程的持续时间;③货币按相应比例转化为原料、劳动资料等"生产资本的各要素";④一部分货币同活劳动能力相交换。第二范畴是前述第②要素与第③要素,是马克思的"大流通"概念。第三范畴是前述第④要素,是马克思的"小流通"概念。

马克思经济学相对于西方经济学(包括微观经济学、宏观经济学、国际经济学)在研究视角、研究问题、研究范式等方面均有不同。依晗认为马克思经济学主要进行生产、交换、消费等几个方面的研究,对我国现代流通体系的健全具有重要借鉴意义,而西方经济学主要对财富的产生和交换进行研究,其中部分观点和经验也值得参考和借鉴。柴秋星进一步论证了西方经济学无论是其边际分析的理论研究方法,还是均质经济空间的范式假设,都无法有效兼容现实经济中的流通问题研究,而马克思流通经济理论揭示了流通在生产、分配、交换和消费四大环节之间的作用关系,这是我国特色社会主义市场经济流通理论研究的未来趋势和必然选择。

综上,在我国构建新发展格局之际,马克思流通经济理论是与我国基本经济制度相适应的理论,仍具有研究价值及借鉴意义,为深入思考现代流通体系战略框架提供了理论指导。

1.2.2 现代流通体系内涵探讨

关于现代流通体系内涵的研究,国内理论界对此尚未有统一认识,主要存在如下观点:①流通环节论。如王晓东等认为探讨现代流通体系应避免泛化概念,并将流通体系分为物流、批发及零售三部分。②结构论。如丁俊发认为流通体系由关联产业的横向结构与不同功能的纵向结构构成,涉及流通基础设施体系、商品市场体系、流通业态体系、流通管理体系等。③现代信息技术论。如王先庆提出了现代流通体系定义,即基于互联网、大数据、人工智能等新技术,以各种新业态、新模式为核心的流通系统,呈现出数字化、智能化、平台化、共享化、体验化、定制化、品牌化、连锁化、去中间化、移动支付、快递配送、商流与物流分离等发展态势,与高水平的市场化、法治化、国际化营商环境相匹配。④系统论。如赵宇新等基于马克思流通经济理论,认为应树立以整体性和系统性为基本特征的流通观。⑤新内涵论。如陈文玲用"全要素、全过程、全球化、全生命周期、全产业链"五全赋予现代流通体系新内涵,认为现代流通规律与传统流通规律不同,是中央提出的需求侧管理。

综上,"流通体系"中的"流通"在《现代汉语词典》中的解释是商品、货币流转;"体系"是指若干有关事物或某些意识互相联系而构成的一个整体。在研究"现代流通体系"时,需要将流通体系放入目前的社会经济环境中,研究构成流通体系的要素及要素间的相互关系。本书将流通体系分为通道、场站、流通主体、政策制度等要素,从产业链、供应链角度分析要素相互间的关系,以构思江苏现代流通体系的战略框架。

1.2.3 我国现代流通体系的堵点及短板

信息技术、互联网技术、人工智能技术等的快速发展催生了流通新业态、新模式,传统零售产业一统天下的格局被颠覆,形成网络零售与传统零售共生格局。同时,网络零售的兴起使得分销商、批发商等中间商的利润被大大压缩,也促使制造业、物流业、批发业的转型升级。随着对"供给侧"改革的深化研究,蒙天成等认为流通体系在市场环境、基础设施、现代化水平、国际化水平等方面存在堵点及短板。闵伟琼将现代流通体系存在的问题归结为流通资源整合不足、社会信用体系建设滞后、基础设施布局不均衡及数据孤岛现象较严重。曹允春等将流通体系堵点归结为现代化程度偏低、区域间发展不平衡、资源配置和运行机制等方面。刘华军构建考虑非期望产出的全局超效率SBM模型，发现样本考察期内，中国物流业效率总体偏低，东部地区物流业效率明显高于其他地区；物流业效率的地区差距呈波动上升趋势；物流业效率有较强的持续性，各省份物流业效率不易发生状态转移。

在需求端，人们消费观念也在改变，更注重品质、绿色、智能、服务等。伴随着大城市消费的饱和及人口红利的下降，需要开辟新的消费市场以保持经济增长。当消费市场转向中小城市及农村市场时，流通领域中的弊端日见凸显。马晨等通过研究我国农产品流通，认为农产品流通体系存在着进出壁垒高、流通效率低、技术水平落后等内在动力问题，以及受信息技术高速发展、消费者个性化需求不断提高等外在动力影响。依绍华认为农村流通体系存在基础设施供给不足、流通网络布局不完善、流通主体组织化程度低、监管不到位等问题。韩喜艳等认为我国农产品流通长期存在流通效率低下、流通成本过高的"流通困局"，其本质原因是农业产业链环节缺乏有效整合，表现为产业链松散，各主体分散经营，缺乏有效竞争；产业链断裂，农产品"买难卖难"时有发生；产业链价值错位，"中间笑，两头哭"，农产品价格暴涨暴跌。周业付总结农产品供应链运作模式主要是"公司＋基地＋农户""超市＋农户""批发市场＋农户""加工企业＋农户"等，存在农产品流通设施建设薄弱，先进物流技术应用范围小，成员间信息不充分共享，交易方式低效、单一等问题。马晓河等认为农产品、农资品、消费品等商贸流通体系梗阻是中国农村发展的最大痛点，一家一户的传统小农经济无法有效对接建立在工业化大生产基础上的城市商贸流通体系。

综上，有关"我国现代流通体系的堵点及短板"的相关文献大多集中在定性分析上，定量研究的文献偏少，且数据支撑大多以宏观统计数据为主，缺少一手翔实资料。本书以江苏现代流通体系为研究对象，具有区域特色及个性化发展，借鉴已有文献，实地考察江苏现代流通体系的状况，挖掘存在的堵点及短板。

1.2.4 我国现代流通体系建设构想

面对前述堵点及短板问题，部分学者提出了一些初步的建设构想。王先庆提出推进现代流通体系建设必须构建与强大市场规模优势相匹配的全球流通渠道体系,运用超大市场容量、超强制造能力、超宽产业纵深、超多市场主体的规模优势,充分发挥全球流通渠道控制的"总龙头"和"总开关"作用等。荆林波等提出统筹构建现代流通体系要有全球化视角、善用技术化手段、实现网络化布局、强化科学治理以及重视人性关怀。谢莉娟等认为现代流通体系的建设需要统筹好开放与可控的关系、物流与商流的关系、实体与虚拟的关系、城市与农村的关系。祝合良等提出现代流通体系的建设应包括运行体系、保障体系、规则体系。

在农产品流通研究上,较多学者从供应链角度进行分析。很多文献都认为通过构建农产品供应链,进行链条整体管理,能够提高农产品价值和流通效率。对于农产品流通体系构建,马晨等提出了农产品流通产业转型升级的实现路径,包括充分利用大数据资源,实现农产品流通的精准化服务;不断完善标准和法规的建设,推动农产品流通标准化、规范化发展;构建高价值农产品流通渠道,拓展跨境农产品流通服务。依绍华提出了健全相关法律政策体系、加强农村流通基础设施建设、培育多元化及多层次农村现代流通主体、规范农村消费市场流通秩序等对策建议。韩喜艳等从全产业链模式研究农产品的流通机理,认为农产品流通体系要素资源的整合和协调,除了主要依靠市场和企业力量,也需要政府的政策支持及监管机制,进行适当调控。马晓河等认为应依托"互联网+"改造农村基础设施、赋能农村生产体系、重构农村流通体系、加速农业品牌建设、创新农民组织模式、培育农村新农人群体、推动农村经济融合发展、优化农村发展政策环境。

综上,现代流通体系的建设不是原有流通体系细枝末节的修补,而是需要针对现实中流通的堵点及短板,利用现代化技术,基于系统思想,自顶向下进行规划设计,自底向上进行维护。

1.2.5 研究现状评述

本书纵观国内外流通体系的研究与发展,在流通理论、现代流通体系内涵、存在问题、构想等方面进行了探讨,取得了一定研究成果,为探索现代流通体系构建的理论提供了参考借鉴。但在理论系统性及实践成效上仍存在亟待研究的问题:

(1)马克思流通经济理论至今仍有借鉴价值,但时代的发展、科学技术的进步、世界政治经济环境的变化都对流通领域产生深刻的影响。现代流通体系的建设不能因循守旧,而是需要放入时代背景中,与时俱进,将马克思流通经济理论中国化，更好地发挥流通业在国民经济中的基础性作用以及流通产业的先导性效应，丰富流通经济理论。

（2）从目前实证研究现状看，针对当前"双循环"的新发展格局，围绕江苏开展现代流通体系构建的实证研究尚显不足，特别缺乏翔实的一手调研数据和深入的论证分析。目前，江苏流通体系发展存在流通网络布局不健全、流通基础设施不到位、流通发展层次较低、流通循环的堵点较多等问题。

（3）宏观层面的现代流通体系规划设计需要以现实中切实存在的堵点、短板为基础，因而抓住流通体系中的堵点、短板问题尤为重要。在一手调研资料的基础上，通过科学、规范的方法提炼问题，再反复论证，确保所挖问题切中要害，有的放矢。

综上，基于构建江苏现代流通体系的迫切要求，本书将立足现有研究和江苏省实际情况，在对江苏省苏南、苏中、苏北的典型区域进行大规模实地调研的基础上开展一手数据资料分析和实证研究，由此提出构建江苏现代流通体系的战略思路与关键举措。

1.3 相关概念界定

1.3.1 现代流通体系

本书对现代流通体系概念的界定是以先进信息化技术为手段，将流通领域中的物流、资金流、商流、信息流实现线上线下统一，以产业链、供应链为战略视角，将流通基础设施、流通主体、人才、流通制度政策等要素结合成相互联系相互制约的有机整体。现代流通体系，不同于传统流通体系，需要创新流通新业态、新模式，以促进流通产业高质量发展。

1.3.2 通道

通道是指产品从供给方到需求方所经过的物理道路，比如公路、水路、航空、铁路等。

1.3.3 场站

场站是货运、运输、物流等企业办理物流业务及物流作业的场所，包括货物的集散地,各种运输工具的衔接点,如港口、机场、各种物流枢纽等。

1.3.4 流通主体

流通主体是指流通领域中,从事流通活动的承担者,包括物流企业、外贸企业、批发商、零售商等。

1.3.5 流通网络

流通网络广义上来说,是由流通领域中的各种场站与流通主体(节点)与各类通路(线)构成的货物交易、存储及运输的综合网络;狭义上来说,由线(即通道)与点(即枢纽场站)构成的交通运输网络。

1.4 研究内容

本书以江苏现代流通体系为研究对象,主要研究江苏现代流通体系的建设现状、江苏现代流通体系存在的问题及制约因素、国内外现代流通体系建设的成功经验、江苏现代流通体系构建的战略思路、江苏现代流通体系构建的关键举措,具体如下:

第一部分:江苏现代流通体系的建设现状分析。

根据政府统计数据,梳理相关流通政策,总结江苏目前流通通道、场站、流通网络、农村物流、物流企业、外贸企业等现状,归纳如下:①流通政策指明方向,宏、中、微观层层把控;②流通网络持续扩大,流通能力显著增强;③农村公路全面覆盖,物流服务水平不断提升;④物流企业口碑增长,物流费用逐年下降;⑤农村电商发展迅速,区域差异较为明显;⑥外贸经济小幅增加,贸易结构继续优化。

第二部分:江苏现代流通体系存在的问题及制约因素分析。

选取苏南、苏中和苏北的典型样区进行实地调研,全面了解当前江苏现代流通体系的建设现状,梳理存在的主要问题、堵点和难点。该部分重点调研内容如下:①江苏省"国家物流枢纽"布局和建设、现代综合交通运输体系建设和效率;②苏南、苏中和苏北流通体系软硬件建设及产销对接;③农村物流基础设施建设、电商发展、商贸流通体系构建;④江苏省信用体系建设、交易成本降低;⑤江苏现代流通的机制体制堵点、数字化转型难点等。

通过汇总整理一手调研资料和样本数据,实证分析当前江苏现代流通体系的制约因素,包括:①信息制约。产销信息不对称导致的"牛鞭效应"、商品流通成本占比高、供需不平衡。②信任制约。纵向与横向产业链之间缺乏合作而导致的恶性竞争、流通企业缺乏底线与诚信导致消费者的不信任。③机制体制制约。流通领域制度规范和标准不一、法治不健全、治理体系和治理能力现代化水平不高。④基础设施网络制约。农村基础设施设备不完备、流通体系不健全、城乡流通网络不通畅等方面。⑤人才制约。技能人才与研发人才极度短缺。

第三部分:国内外现代流通体系建设的成功经验。

选取国内外现代物流体系典型案例,分析其综合立体交通、人口资源、教育资源、产业集群、文化环境等状况,为后文江苏现代流通体系战略思路及关键举措提供借鉴。①国外案例:选取美国纽约湾区、美国旧金山湾区、日本东京湾区等有影响力的世界三大湾区,分析各湾区的交通、人口、教育、产业、文化等状况,总结归纳湾区的特征及发展路径。②国内案例:选取粤港澳大湾区、环杭州湾大湾区,分析各湾区的地理位置、竞争优势、基础设施、教育资源、文化环境等状况,总结经验及做法。

第四部分:江苏现代流通体系构建的战略思路。

基于"双循环"新发展格局的时代背景,从系统论视角构建"一营、二建、三转、四培、五通"的现代流通体系战略思路。①一营:以政府主导,优化营商环境;②二建:升级流通载体,建设综合交通网络,补齐农村交通运输和乡村物流短板;③三转:依托信息技术,实现流通体系数字化转型;④四培:培育流通企业,形成特色品牌;⑤五通:实现互联互通,创新供应链模式,促进内外贸一体化。

第五部分:江苏现代流通体系构建的关键举措。

结合江苏现代流通体系的建设现状及制约因素,探索引领新发展格局的江苏现代流通体系构建的关键举措,健全"干线—支线—末梢"的现代大流通循环体系,并在打通南京都市圈、淮海经济区等省内腹地的同时,将影响效应辐射到长江经济带,推动长三角一体化的快速发展。所建议的关键举措如下:①优化产业链、供应链的空间布局,打造互联互通的大流通体系;②健全流通网络体系,加快干支末通道融合发展;③畅通流通神经末梢,提高流通主体核心竞争力;④提升数字化治理效能,培育流通主体发展新动能;⑤搭建校企合作平台,加快技能型人才分层培养。

1.5 研究方法及技术路线

1.5.1 研究方法

本书立足于当前"双循环"新发展格局,基于苏南、苏中、苏北的一手调研资料和数据开展实证分析;针对江苏现代流通体系中的痛点、短板问题,以系统论视角构思江苏现代流通体系战略,进行顶层战略设计,基于扎根理论提出"一营、二建、三转、四培、五通"多维战略思路,充分考量相互间的协同性,提出健全江苏现代流通体系的关键举措。主要研究方法如下:

(1) 文献搜集法

文献搜集法是通过搜集文献资料进而获取与本研究相关内容的方法。本书一方面搜集国内外流通领域的相关文献资料和实践成果;另一方面,在实地调研江苏省内典型案例地时,搜集反映当地流通体系建设发展相关的图书、地方志、文献汇编等资料。此外,对近期中央和地方下发的流通领域发展建设的相关政策、文件、法规等进行全面搜集整理。

(2) 问卷调查与数理统计

选取苏南、苏中、苏北典型案例地开展大规模的实地调研,发放调查问卷,全面了解当前江苏省内不同区域流通体系的发展现状和存在的主要问题。运用统计软件对调查问卷的样本数据进行多元数理统计,进而提炼出制约江苏现代流通体系建设发展的主要因素。

(3) 扎根理论与质性访谈

扎根理论研究法是由哥伦比亚大学安塞姆·施特劳斯和巴尼·格拉斯共同发展出的一种自下而上的定性研究方法,前提是开展深入的质性访谈,研究过程主要涵盖归纳和构建两个阶段,即第一阶段搜集整合原始数据和资料,第二阶段对资料进行编译。本研究拟针对两类人群开展质性访谈,一类是苏南、苏中、苏北典型案例地的商户、农户等实际从事商贸流通业务的人员,另一类是省内外流通领域的资深专家、行政管理者、企业管理者及相关人士。通过汇总和编码解译访谈文稿,进行关键词分析、高频词分析、共现矩阵分析等,从而为科学确立江苏现代流通体系构建的战略思路提供依据。

（4）案例借鉴与实证研究

在参考借鉴国内外现代流通体系构建的案例及成功经验基础上，选取苏南、苏中和苏北具有代表性的流通企业作为案例素材开展实证研究，从完善流通体系制度环境和规范标准，打造高效的现代物流体系，加快流通数字化转型，推进数字化、智能化改造和跨界融合等方面探索江苏现代流通体系构建的关键举措。

1.5.2 技术路线

在前述研究内容、研究方法的基础上，将研究内容与研究方法进行结合，绘制本书的技术路线如图1.2所示。

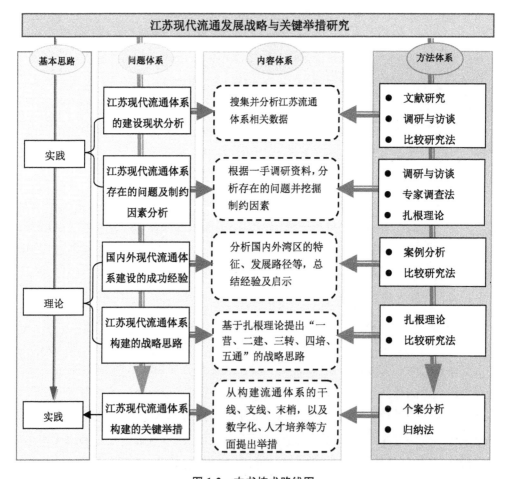

图1.2 本书技术路线图

1.6 研究创新之处

本书研究创新之处主要包括：

（1）立足当前"双循环"新发展格局，对苏南、苏中、苏北流通体系中的场站、通道、流通企业、农村物流等关键要素进行实证调研、质性访谈和大数据分析，获取的调研数据时效性强。

（2）以系统论视角对江苏现代流通体系战略进行顶层设计，充分考量"一营、二建、三转、四培、五通"多维战略思路之间的协同性，提升关键对策建议的耦合度，力求实现"1+1＞2"的效果。

（3）较之以往流通领域相关研究内容和成果，本研究在借鉴全球著名湾区经验基础上，综合考量江苏流通体系构建的适用性，选取的调研样本和案例具有典型性和代表性，提出的对策和建议更聚焦于江苏现代流通体系构建的堵点等核心问题，具有较好的前瞻性、实践创新和推广价值。

2 江苏现代流通体系的建设现状分析

2.1 流通政策指明方向，宏中微观层层把控

一直以来，国家都非常重视流通在国民经济中的作用，尤其是近几年，随着国际形势的变化，国家出台了一系列推动流通体系发展的政策文件。

2.1.1 国家层面关于流通体系的综合政策文件

2019年2月19日，国家发展改革委出台了《关于培育发展现代化都市圈的指导意见》，提出"到2022年，都市圈同城化取得明显进展，基础设施一体化程度大幅提高，阻碍生产要素自由流动的行政壁垒和体制机制障碍基本消除，成本分担和利益共享机制更加完善，梯次形成若干空间结构清晰、城市功能互补、要素流动有序、产业分工协调、交通往来顺畅、公共服务均衡、环境和谐宜居的现代化都市圈"，并把"轨道上的都市圈与四网融合"作为八大工作重点之一。

2019年7月25日，交通运输部出台了《数字交通发展规划纲要》，提出"构建数字化的采集体系、智能化的应用体系"，发展"互联网＋"高效物流新模式、新业态，推进铁路、公路、水路等货运单证电子化和共享互认，提供全程可监测、可追溯的"一站式"物流服务等。

2019年9月19日，中共中央、国务院印发了《交通强国建设纲要》，提出到21世纪中叶，形成涵盖快速、干线和基础的"三张交通网"及国内出行和全球快货物流的"两个交通圈"；大力发展智慧交通，推动大数据、人工智能等与交通深度融合；实现广覆盖的农村交通基础设施网。

2019年12月1日，《长江三角洲区域一体化发展规划纲要》发布，提出"基础设施互联互通基本实现"，规划"到2025年，铁路网密度达到507公里/万平方公里，高速公路密度达到5公里/百平方公里，5G网络覆盖率达到80％"。

2020年8月3日，交通运输部印发了《关于推动交通运输领域新型基础设

施建设的指导意见》,要求打造融合高效的智慧交通基础设施、助力信息基础设施建设、完善行业创新基础设施等。

2021年1月4日,中共中央、国务院印发了《关于全面推进乡村振兴加快农业农村现代化的实施意见》,要求"补齐农业农村短板弱项,推动城乡协调发展;构建新发展格局,畅通城乡经济循环"。

2021年2月24日,中共中央、国务院印发了《国家综合立体交通网规划纲要》,提出加快建设"6轴、7廊、8通道"国家综合立体交通网主骨架,有力支撑"全球123快货物流圈"(国内1天送达、周边国家2天送达、全球主要城市3天送达)。同时,推进智慧物流发展,推进县乡村(户)道路连通、城乡客运一体化,解决好群众出行"最后一公里"问题。

2.1.2 省级层面关于流通体系的综合政策文件

2018年10月1日,江苏省政府《关于同意江苏省干线航道网规划(2017—2035年)的批复》,要求"注重干线航道、高速公路、铁路、航空等规划实施的衔接,充分发挥江苏的水运优势,降低物流成本,促进运输结构调整,提升综合交通运输网络的整体效益""坚持节约集约利用土地,加强生态环境保护,有序推进两纵五横干线航道网建设"。

2018年10月10日,江苏省政府印发《关于江苏省长江经济带综合立体交通运输走廊规划(2018—2035年)》,规划"建成长江绿色生态廊道、江海联运门户枢纽、现代立体交通网络和智能高效运输体系",提出"共建绿色生态廊道、提升长江黄金水道功能、加快铁路网络建设、提升航空服务能力、加快过江通道建设、统筹交通枢纽建设和完善交通运输体系"七大任务。

2019年1月24日,在《南京都市圈一体化高质量发展行动计划》文件中提出"打造都市圈'一日生活圈''一小时通勤圈';构建以南京为中心的'米'字形高铁网络,加快宁镇扬组合港、芜马组合港等港口建设,推进都市圈区域港口资源整合与协调发展;开展环南京1小时鲜活农产品流通圈建设,共同打造优质'菜篮子'基地;推动苏浙沪入境144小时过境免签政策向都市圈城市覆盖,统一入境免签过夜游客在都市圈重要景区旅游、购物、交通等方面的优惠政策"。

2020年4月2日,江苏省委省政府印发《交通强国江苏方案》,着力打造"三网"和"两圈"。"三网"包括:拥有发达的快速网、完善的干线网、广泛的基础网;"两圈"即构建"高品质出行圈"及"高效快货物流圈",是国家《交通强国建设纲要》的具体化。

2020年9月2日,交通运输部《关于江苏省开展品质工程建设等交通强国建设试点工作的意见》,原则同意在品质工程建设、多层次轨道网融合发展、打造新亚欧陆海联运通道、"四好农村路"高质量发展、打造枢纽经济新格局、智慧交通关键技术攻关、提升科技兴安水平、打造平安交通工程、推动综合交通改革创新、调整长江经济带运输结构、打造运河绿色文化带等方面开展试点。

2021年8月1日,江苏省物流"十四五"规划出台,聚焦物流业"降本、增效、提质"这一主攻方向,聚力打造"通道＋枢纽＋网络"物流运行体系,着力构建安全可靠的现代供应链体系,加快建设智慧物流创新高地、产业物流融合高地、民生物流品质高地等三个高地,全方位推进物流高质量发展。

2.1.3 其他关于流通体系的专项政策文件

(1) 港口/水路

2020年6月,在《内河航运发展纲要》中首次提出了在全国范围内布局形成4条横向走廊、4条纵向走廊和两个高等级航道网的国家高等级航道空间布置新格局;优化完善适应长三角一体化、粤港澳大湾区发展的长三角、珠三角国家高等级航道网。

2018年9月21日,《江苏省内河港口布局规划(2017—2035年)》中制定了内河港口的目标向"等级标准、集约节约、功能多元、绿色智能"发展。重点打造苏北至连云港港、苏北至太仓港、苏南至太仓港等三大核心通道,重点加强5个内河干线通道的分区域港口布局,分别为京杭运河通道、连申线通道、淮河出海通道、通扬线通道、芜申线通道,并预留依托徐宿连新通道规划布局港口。

(2) 机场/航空

2018年8月14日,《关于促进通用机场有序发展的意见》中要求"明确通用机场功能定位、合理规划布局、构建区域通用航空网络","推进通用机场建设,逐步由点状分布向连通成网发展;推进京津冀、长三角、珠三角等地区和重点城市群的综合性通用机场建设,打造区域通用航空网络重要节点,逐步构建以支线机场和综合性通用机场为核心,规模适度、结构合理、功能协调、兼容互补的区域通用机场网络"。

2018年7月6日,《江苏省中长期通用机场布局规划(2018—2035年)》中规划"到2035年,全省通用机场布局35个,远期布局约70个,机场密度达到每万平方公里3~4个,实现15分钟航程覆盖全省域,形成适应经济社会发展需要、具有完备公益服务功能、体现江苏产业特色的通用机场布局体系"。

(3) 铁路枢纽/铁路

2020年12月7日,《关于推动都市圈市域(郊)铁路加快发展的意见》中强调了在"都市圈内"服务"中心城区与周边城镇组团"的通勤客流轨道交通系统;重点支持京津冀、粤港澳大湾区、长三角、成渝等规划建设都市圈市域(郊)铁路;明确利用既有铁路开行市域(郊)铁路不必国家层面的审批;新建项目须以国家批准规划为依据,避免以市域(郊)铁路名义建地铁轻轨;明确市域(郊)铁路区别于城市轨道交通的重要方面;鼓励有条件的线路探索网运分离,所有权与经营权分离等模式,支持市场主体通过租用线路时刻和车辆设备等提供运输服务。

2021年6月17日,江苏省政府《关于进一步加快推进铁路发展的意见》中提出"建成'轨道上的江苏'",省会南京与各设区市1.5小时通达、与长三角中心城市1小时通达,基本实现各设区市间2.5小时通达、各设区市与长三角中心区城市间3小时通达,宁镇扬、苏锡常、沪苏通率先形成1小时"轨道交通圈"等。

(4) 公路枢纽/公路

2018年10月1日,江苏省政府《关于同意江苏省高速公路网规划(2017—2035年)的批复》中提出全面建成"能力充分、覆盖广泛、便捷高效、开放互联"的高速公路网,全省高速公路网规划总里程将达到6666公里,总体上形成"十五射六纵十横"的布局形态。

(5) 多式联运

在前述有关流通体系综合性政策文件中均提到"加强多式联运"。此外,《关于协同推进长三角港航一体化发展六大行动方案》(2018年12月6日)提出"形成上海国际航运中心、舟山江海联运服务中心和南京长江区域性航运物流中心联动发展格局";《关于促进枢纽机场联通轨道交通的意见》(2020年4月10日),提出"国家铁路网、城际铁路网、市域(郊)铁路、城市轨道交通规划与机场布局规划之间要加强衔接,促进各种交通规划融合推进"等。

(6) 流通企业

2019年8月27日,国务院办公厅《关于加快发展流通促进商业消费的意见》中提出要"促进流通新业态新模式发展""加快农产品产地市场体系建设,实施'互联网＋'农产品出村进城工程,加快发展农产品冷链物流,完善农产品流通体系,扩大鲜活农产品消费""改造提升农村流通基础设施,促进形成以乡镇为中心的农村流通服务网络,扩大电子商务进农村覆盖面,优化快递服务和互联网接入,培训农村电商人才,提高农村电商发展水平,扩大农村消费"等。

2021年7月29日,国务院办公厅《关于加快农村寄递物流体系建设的意见》中聚焦农产品进城"最初一公里"和消费品下乡"最后一公里",助力农民创收增收,促进农村消费升级。打通政策堵点,引导各类市场主体创新服务模式,积极参与农村寄递物流体系建设。

2.2 流通网络持续扩大,流通能力显著增强

"十三五"期间,江苏交通运输发展取得了不菲的成绩。基础设施网络基本形成,综合交通运输体系不断完善,干线航道网主骨架已形成;运输服务能力和水平大幅提升;设施建造、运输装备技术水平大幅提升;交通运输建设现代化加快推进,安全智慧绿色发展水平持续提高;交通运输对外开放持续扩大,走出去步伐不断加快,为经济社会发展充分发挥基础性、先导性、战略性和服务性作用,为建设"强富美高"新江苏提供了有力支撑。

2020年,如表2.1所示,江苏完成货物运输量288 513.4万吨,比上年增长2.6%;货物周转量11 538.8亿吨公里,比上年增长3.8%。

表2.1 2020年江苏各种运输方式完成运输量情况

运输方式	货物周转量		货物运输量	
	绝对数/亿吨公里	比上年增长/%	绝对数/万吨	比上年增长/%
总计	11 538.8	3.8	288 513.4	2.6
铁路	320.7	−0.5	6 865.9	11.3
公路	3 524.5	9.0	174 624.0	6.1
水路	7 038.6	2.9	93 467.0	−2.2
民航	2.8	4.7	23.5	6.2
管道	652.2	−8.8	13 533.0	−8.3

数据来源:《2020年江苏省国民经济和社会发展统计公报》。
注:民航运输量数据包括东航江苏分公司、深航无锡分公司和邮政航空等3家公司完成数。

(1) 水路运输

江苏拥有丰富的水系,共有长江、太湖、淮河、沂沭泗四大水系,集江河湖海

于一体。2016年至2019年内河航道公里数差别不大,但是长江南京以下12.5米深水航道二期已竣工,已实现5万吨级集装箱船从南京以下港口直航到我国沿海地区及周边国家,10万吨级大型矿石散货船减载后可直达沿江港口,极大改善了长江江苏段的通航条件。

目前江苏沿江沿海地区共10个港口,其中,连云港港、南京港、镇江港、苏州港、南通港为国家主要港口,扬州港、江阴港、泰州港、常州港、盐城港为地区性重要港口;共有一类港口口岸17个,直接与世界上100多个国家和地区港口有贸易往来;拥有港口生产性泊位数5 684个,万吨级以上泊位数524个。如表2.2所示,2020年,全省港口完成货物吞吐量约296 554万吨以上,完成集装箱吞吐量1 914万标箱,其中,苏州港、镇江港、泰州港、南通港货物吞吐量超3亿吨,连云港港、南京港、江阴港港口货物吞吐量超2亿吨,苏州内河港港口货物吞吐量超1亿吨。从全国来看,江苏港口货物通过能力、万吨级以上泊位数、货物吞吐量、亿吨大港数等多项指标均位列全国第一。

表2.2 2020年江苏省港口货物、集装箱吞吐量

类型	港口名	货物吞吐量/万吨（2020年整年）	集装箱吞吐量/万标箱（2020年整年）
沿海沿江	连云港港	24 182	480
	盐城港	8 265	26
	南京港	25 112	302
	镇江港	35 064	37
	苏州港	55 408	629
	南通港	31 014	191
	常州港	5 442	35
	江阴港	24 705	51
	扬州港	9 759	52
	泰州港	30 111	53
内河	徐州内河港	4 391	6
	无锡内河港	6 895	5
	宿迁内河港	2 050	12
	淮安内河港	7 152	26

（续表）

类型	港口名	货物吞吐量/万吨 （2020年整年）	集装箱吞吐量/万标箱 （2020年整年）
内河	扬州内河港	373	
	镇江内河港	964	
	苏州内河港	11 514	8
	常州内河港	4 704	
	江苏其他港	9 449	1
总计		296 554	1 914

数据来源：中国港口协会统计数据，有改动。

(2) 铁路运输

自1905年起，江苏开始修建第一条铁路沪宁铁路，铁路修建历史悠久。目前，已建成的高速铁路有9条，包括沪宁城际铁路、京沪高速铁路、宁杭高速铁路、宁安高速铁路、郑徐高速铁路、徐盐高速铁路、连镇高速铁路、盐通高速铁路、徐连高速铁路；已建成的普通铁路有11条，包括京沪铁路、宁合铁路、新长铁路、陇海铁路、宁启铁路、宁芜铁路、连盐铁路、青连铁路、沪苏通铁路、海洋铁路、宿淮铁路；另外，在建铁路有南沿江城际铁路、宁淮城际铁路、洋吕铁路等。2020年末，铁路营业里程3 998公里，其中，高速铁路2 021公里，比上年增加508公里；铁路正线延展长度7 225公里，比上年增加973公里。根据《江苏省长江经济带综合立体交通运输走廊规划（2018—2035年）》，江苏将形成层次分明的"三纵四横"、8条对外通道的铁路运输系统。但是目前江苏铁路，特别是高铁建设仍是一个短板，不仅里程较少，而且尚未成网。

在深化江苏与"一带一路"沿线国家经贸合作中，中欧班列是推进合作的重要载体。如表2.3所示，目前江苏中欧班列共有6列，运营情况良好。据统计，自2013年苏州开通中欧班列以来，累计开行747列。2019年，苏州开行中欧班列231列，其中去程205列，回程26列。"苏满欧"的货运量约占"中欧快线"总量的20%，出口货物以笔记本电脑、电子元器件、液晶显示屏等为主。除中欧班列外，苏州还开行苏满俄、苏新亚、苏越等方向班列。2021年1月19日苏州开通了前往赫尔辛基的新线路。南京至荷兰蒂尔堡线路的开通，是南京始发中欧班列首次抵达西欧国家。目前南京始发的中欧班列线路覆盖俄罗斯、哈萨克斯坦、乌兹别克斯坦、土库曼斯坦、塔吉克斯坦、吉尔吉斯斯坦、荷兰等7个欧亚国家,境外线路和站点布局更趋优化,开行量也呈逐年递增态势,截至2021年第一季度已累计实现进出口额超29亿美元。此外,徐州、连云港的中欧班列业务也在稳定增长。

表2.3 目前江苏中欧班列情况

始发站	名称	开通时间	出境口	经过区域、国家(城市)	终点	长度/公里	时长/天	类型
苏州	苏满欧	2013-09-30	满洲里	俄罗斯、白俄罗斯	波兰华沙站	11 200	15	东线
	苏新欧	2018-12-07	新疆阿拉山口	哈萨克斯坦多斯特克	德国杜伊斯堡港	11 600	16	西线
连云港	连云港—伊斯坦布尔	2015-11-29	霍尔果斯	途经哈萨克斯坦(阿克套港)、里海、阿塞拜疆(巴库)、格鲁吉亚(第比利斯)	土耳其伊斯坦布尔			
南京	南京—蒂尔堡	2021-05-10	新疆阿拉山口	哈萨克斯坦、俄罗斯、白俄罗斯等亚欧多国	荷兰蒂尔堡		18	西线
徐州	徐州—汉堡	2020-01-28		哈萨克斯坦、俄罗斯、白俄罗斯、波兰	德国汉堡	10 000多	15	
	徐州号	2015-12-22			俄罗斯莫斯科	6 700	15	

(3) 航空运输

2020年,江苏省有9个民航机场,均为一类航空口岸,设施不断改善,共有航线320条,其中,国内航线256条,国际及地区航线64条,已构建起通达全国、连接国际四大洲的航线网络。2020年南京禄口国际机场的旅客吞吐量与货邮吞吐量均为江苏第一,第二是苏南硕放国际机场,第三是南通兴东国际机场(见表2.4)。从全国吞吐量来看,南京禄口国际机场的旅客吞吐量位列全国第12位、货邮吞吐量位列全国第9位,相较于广州白云机场有较大差距(见表2.5)。

根据《江苏省中长期通用机场布局规划(2018—2035年)》(苏政办发〔2018〕53号),未来将形成"10+60"的分层次布局方案(区域级通用机场10个、地区级通用机场60个),机场密度达到每万平方公里3～4个,实现15分钟航程覆盖全省域。

表 2.4 2020年江苏省机场运营情况

序号	机场名	地点	分类	旅客吞吐量/人	货邮吞吐量/吨
1	南京禄口国际机场	南京	民航	19 906 576	389 362.4
2	苏南硕放国际机场	无锡	军民合用	5 993 519	157 198.0
3	常州奔牛国际机场	常州	军民合用	2 255 238	18 911.3
4	徐州观音国际机场	徐州	民航	2 201 097	11 346.1
5	南通兴东国际机场	南通	民航	2 515 044	54 016.3
6	扬州泰州国际机场	扬州	民航	2 371 571	12 579.0
7	连云港白塔埠机场	连云港	军民合用	965 336	1 937.2
8	盐城南洋国际机场	盐城	军民合用	1 691 883	13 630.7
9	淮安涟水国际机场	淮安	民航	1 326 809	12 343.1

表 2.5 2020年全国部分机场吞吐量排名

城市/机场	旅客吞吐量				货邮吞吐量			
	名次	本期完成/人	上年同期/人	比上年同期增减/%	名次	本期完成/吨	上年同期/吨	比上年同期增减/%
合计		515 695 052	813 963 567	−36.6		13 150 131.1	13 985 170.5	−6.0
广州/白云	1	43 760 427	73 378 475	−40.4	2	1 759 281.2	1 919 926.9	−8.4
成都/双流	2	40 741 509	55 858 552	−27.1	7	618 527.7	671 903.9	−7.9
深圳/宝安	3	37 916 059	52 931 925	−28.4	3	1 398 782.5	1 283 385.6	9.0
重庆/江北	4	34 937 789	44 786 722	−22.0	8	411 239.6	410 928.6	0.1
北京/首都	5	34 513 827	100 013 642	−65.5	4	1 210 441.2	1 955 286.0	−38.1
昆明/长水	6	32 989 127	48 075 978	−31.4	12	324 989.8	415 776.3	−21.8
上海/虹桥	7	31 165 641	45 637 882	−31.7	11	338 557.1	423 614.7	−20.1
西安/咸阳	8	31 073 884	47 220 547	−34.2	10	376 310.9	381 869.6	−1.5
上海/浦东	9	30 476 531	76 153 455	−60.0	1	3 686 627.1	3 634 230.4	1.4
杭州/萧山	10	28 224 342	40 108 405	−29.6	5	802 049.1	690 275.9	16.2
郑州/新郑	11	21 406 709	29 129 328	−26.5	6	639 413.4	522 021.0	22.5
南京/禄口	12	19 906 576	30 581 685	−34.9	9	389 362.4	374 633.5	3.9

(续表)

城市/机场	旅客吞吐量				货邮吞吐量			
	名次	本期完成/人	上年同期/人	比上年同期增减/%	名次	本期完成/吨	上年同期/吨	比上年同期增减/%
长沙/黄花	13	19 223 825	26 911 393	−28.6	15	192 018.0	175 724.5	9.3
厦门/高崎	14	16 710 197	27 413 363	−39.0	13	278 336.4	330 511.6	−15.8
贵阳/龙洞堡	15	16 583 878	21 910 911	−24.3	27	113 452.0	120 110.2	−5.5
海口/美兰	16	16 490 216	24 216 552	−31.9	22	134 717.9	175 566.5	−23.3
北京/大兴	17	16 091 449	3 135 074	413.3	35	77 252.9	7 362.3	949.3
三亚/凤凰	18	15 412 787	20 163 655	−23.6	33	79 933.6	99 821.0	−19.9
青岛/流亭	19	14 561 592	25 556 278	−43.0	14	206 785.9	256 298.8	−19.3
哈尔滨/太平	20	13 508 687	20 779 745	−35.0	28	112 052.4	135 923.2	−17.6

数据来源:《2020年民航机场生产统计公报》。

(4) 公路运输

江苏公路较于其他运输方式,一直在综合交通运输体系中发挥骨架作用,其交通基础设施实现率先发展。2020年年末,江苏公路里程为16.1万公里,比上年增加571公里,其中,高速公路里程为4 924公里。

虽然江苏公路网较为发达,但是仍存在部分路段瓶颈问题(如过江通道拥堵),部分路段服务水平下降,公路网开放有待提升等。根据《江苏省高速公路网规划(2017—2035年)》(苏政复〔2018〕98号),未来江苏高速公路将形成"十五射六纵十横"的布局形态。

2.3 农村公路全面覆盖,物流服务水平不断提升

江苏农村物流经过"十三五"期间的发展,在全国率先实现江苏行政村双车道四级公路全覆盖。11个县(市、区)被授予"四好农村路"全国示范县称号,数量位居全国第一。溧阳"1号公路"获评全国"十大最美农村路"。江苏城乡客运一体化发展水平升至最高的5A级,镇村公交基本实现全覆盖。在全国率先探索城乡公交一体化,启动11个县(市、区)城乡公交一体化试点。城乡物流服务一体化稳步推进,培育完成8个农村物流服务品牌,其中2个入选交通运输部首

批农村物流服务品牌。为进一步了解目前江苏农村的现状,通过设计调查问卷(见附录1),对苏北、苏中、苏南典型地区进行深入调研,统计结果如下:

(1) 被调研者的年龄分布

如图 2.1 所示,本次调研中,被调研者的年龄多数分布于 18～45 岁,占据 77.72% 的比例。

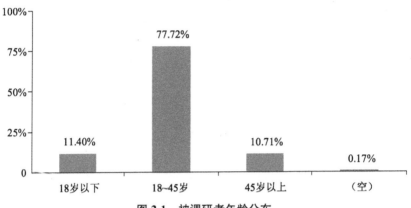

图 2.1　被调研者年龄分布

(2) 被调研者性别分布

如图 2.2 所示,本次调研中,被调研者的性别多数为女性,占据 60.79% 的比例。

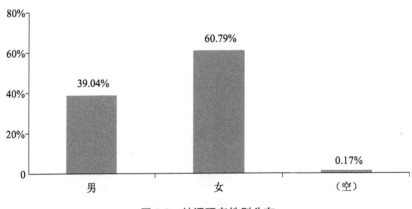

图 2.2　被调研者性别分布

(3) 被调研者收入分布

如图 2.3 所示,在收入情况调研中发现,41.45% 的被调研者月收入小于或等于1 000元,月收入在 1 000～2 000 元及 2 000～4 000 元的被调研者均占

19.17%,较少被调研者月收入在 4 000~6 000 元的范围,极少数被调研者月收入在6 000元以上。

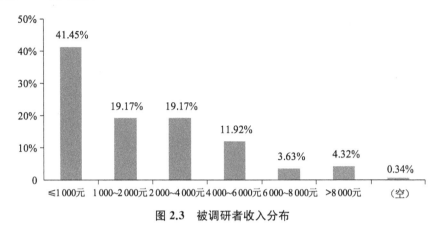

图 2.3　被调研者收入分布

(4) 被调研者每月接收快递次数的分布

如图 2.4 所示,在每月接收快递次数的调研中发现,41.62%的被调研者每月收快递 1~3 次,32.99%的被调研者每月收快递 4~6 次,13.99%的被调研者每月收快递 7~9 次,11.05%的被调研者每月收快递在 10 次及以上。结合以上数据我们发现被调研者对网上购物的消费方式已处于普遍接受的状态。

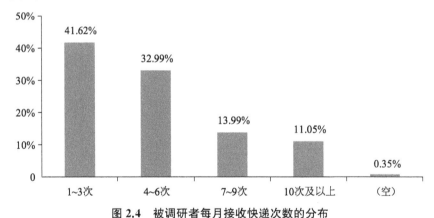

图 2.4　被调研者每月接收快递次数的分布

(5) 被调研者能够承受的取件点距离的分布

如图 2.5 所示,在被调研者能够承受的取件点距离的调研中发现,65.63%的被调研者能够承受的取件距离为小于 1 公里。结合以上数据我们发现被调研者对快递取件的便利性要求较高。

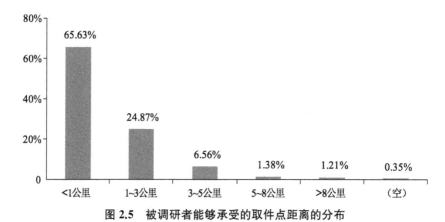

图 2.5　被调研者能够承受的取件点距离的分布

(6) 被调研者常用的快递签收方式分布

如图 2.6 所示,在被调研者常用的快递签收方式的调研中发现,50.60%的被调研者最常用的快递签收方式为到代签点签收,其次为到专用自提点取件方式,占据 30.05%的比例,而等待快递员送货上门的签收方式仅占 15.37%。结合以上数据我们发现被调研者大部分的签收方式为代签点签收和自提点取件。

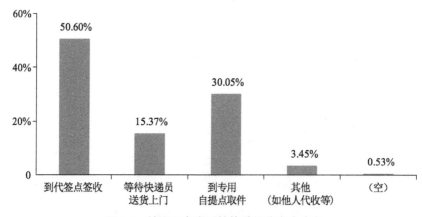

图 2.6　被调研者常用的快递签收方式分布

(7) 被调研者到距离最近的快递收取点所需时间的分布

如图 2.7 所示,在被调研者到距离最近的快递收取点所需时间的调研中发现,46.29%的被调研者到最近的快递收取点要 5～20 分钟,9.15%的要 20～40

分钟,2.59%的要 40 分钟以上。结合以上数据发现,在乡村快递的收取点呈现位置偏远及分布点位不合理的状态。

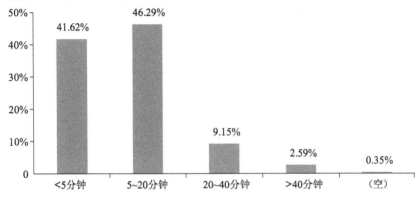

图 2.7　被调研者到距离最近的快递收取点所需时间的分布

(8) 被调研者所在村庄(乡镇)的物流配送方式分布

如图 2.8 所示,在被调研者所在村庄(乡镇)的物流配送方式的调研中发现,送货上门的仅占 19.17%的比例,其余均为自取。

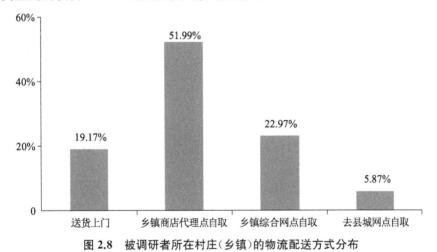

图 2.8　被调研者所在村庄(乡镇)的物流配送方式分布

(9) 被调研者所在村庄(乡镇)现有的快递物流点类型分布

如图 2.9 所示,在被调研者所在村庄(乡镇)现有的快递物流点类型分布的调研中发现,49.57%的村庄(乡镇)快递物流点为镇一级的快递站。乡以及村一级的快递站仅占 28.85%的比例。结合以上数据发现,乡村现有的快递物流点相比镇一级快递物流点来说处于弱势地位。

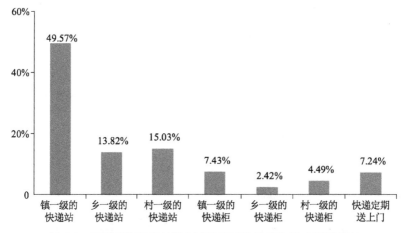

图 2.9　被调研者所在村庄(乡镇)现有的快递物流点类型分布

(10) 被调研者所在地快递网点的分布

如图 2.10 所示,在被调研者所在地快递网点的分布调研中发现,所在地快递网点主要为菜鸟驿站、便利店或超市,分别占据 46.98% 和 30.92% 的比例。

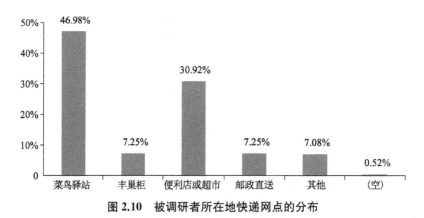

图 2.10　被调研者所在地快递网点的分布

(11) 被调研者所居地快递营业点存在的主要问题

如图 2.11 所示,在被调研者所居地快递营业点存在的主要问题的调研中发现,48.70% 的被调研者反馈所在地快递营业点不能提供多样服务,41.28% 的被调研者反馈所在地快递营业点派件效率低下,33.85% 的被调研者认为所在地快递网点布局不合理。结合以上数据,发现地方快递营业点存在问题较多,主要集中在派件效率低下,服务单一,网点布局不合理,快递安全性较低,快递收费不规范等几个方面。

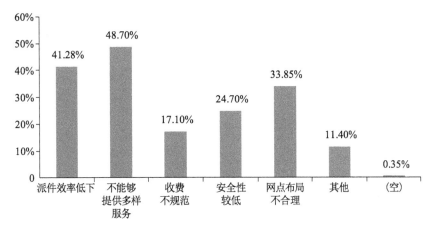

图 2.11 被调研者所居地快递营业点存在的主要问题

(12) 是否去过离您家最近的快递代理点领取过货物或者办理寄件业务

如图 2.12 所示,在被调研者是否去过离您家最近的快递代理点领取过货物或者办理寄件业务的调研中发现,49.57%的人在离家最近的快递代理点同时取过货物或办理过寄件业务。

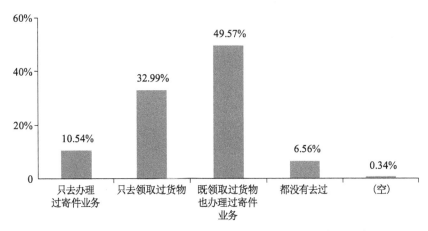

图 2.12 是否去过离您家最近的快递代理点领取过货物或者办理寄件业务

(13) 被调研者取件时经常出现的问题

如图 2.13 所示,在被调研者取件时经常出现的问题的调研中发现,39.90%的被调研者反馈取件时间长,28.67%的被调研者反馈货物损坏,28.50%的被调研者认为到货通知不及时不准确。结合以上数据,发现地方快递营业点存在问题较多,主要集中于取件时常出现取件时间长,到货通知不及时不准确,货物损坏,快递点人员服务态度差等几个方面。

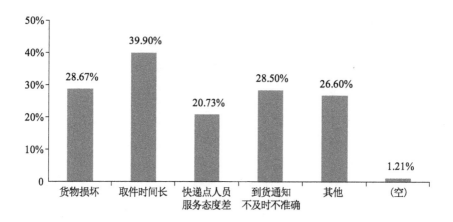

图 2.13 取件时经常出现的问题

(14) 快递代理点是否会收取额外的费用

如图 2.14 所示,在快递代理点是否会收取额外的费用的调研中发现,约 84.46% 的被调研者反映快递代理点不会收取额外的费用。

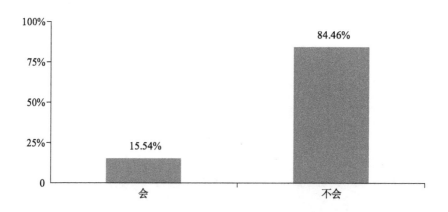

图 2.14 快递代理点是否会收取额外的费用

(15) 快递代理点通知顾客领取货物方式

如图 2.15 所示,在快递代理点通知顾客领取货物方式的调研中发现, 60.28% 的被调研者反映快递点选择以电话、短信都有的方式通知顾客领取货物。

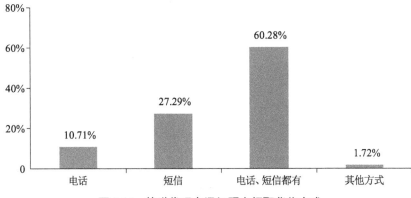

图 2.15 快递代理点通知顾客领取货物方式

(16) 快递到达后顾客取货方式

如图 2.16 所示,在快递到达后顾客取货方式的调研中发现,58.38%的被调研者选择当天取走,51.12%的被调研者选择顺便取走,22.45%的被调研者选择特定的时间去取,16.58%的被调研者选择让人代取。

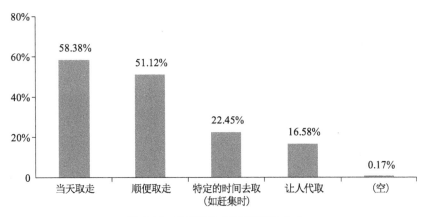

图 2.16 快递到达后顾客取货方式

(17) "快递进村"的优点

如图 2.17 所示,在针对"快递进村"的优点的调研中发现,82.21%的被调研者认为"快递进村"会使生活和网购更加便利;60.45%的被调研者认为快递进村可以促进电商发展,推动农产品走出去;52.33%的被调研者认为快递进村可以拉动村民就业,提高收入等。

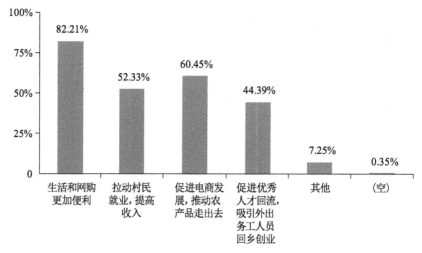

图 2.17 "快递进村"的优点

(18) 农村出现专业化、规范化的快递点的期待值

如图 2.18 所示,在农村出现专业化、规范化的快递点的期待值调研中发现,56.13%的被调研者选择期待,34.02%的被调研者选择非常期待。以上数据信息表明被调研者针对农村出现专业化、规范化的快递点寄予很高的期待。

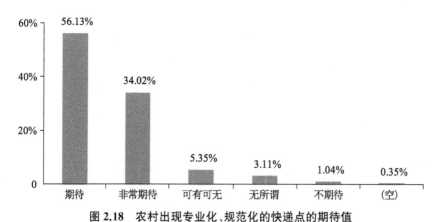

图 2.18 农村出现专业化、规范化的快递点的期待值

(19) 农村居民喜欢的快递取件方式

如图 2.19 所示,在农村居民喜欢的快递取件方式的调研中发现,38.86%的被调研者更喜欢每个村设置暂放合作点,25.22%的被调研者选择镇上代理点自取,20.55%的被调研者选择在村委等公共场所设置快递柜。以上数据信息证明

镇上代理点自取,每个村设置暂放合作点,在村委等公共场所设置快递柜,快递企业合作建立区域派送点等取件方式受到欢迎。

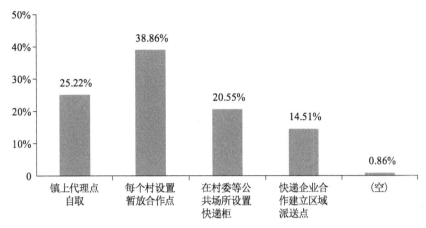

图 2.19　农村居民喜欢的快递取件方式

(20) 影响农村居民网购的因素

如图 2.20 所示,在影响农村居民网购的因素的调研中发现,62.35%的被调研者因年龄大不会网购,52.68%的被调研者选择取件太远不会网购,53.20%被调研者没有网购习惯,44.56%的被调研者担心支付安全选择不网购。

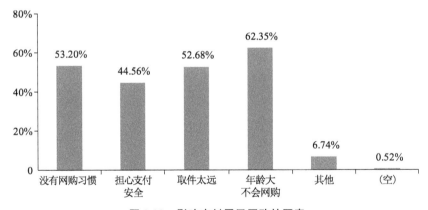

图 2.20　影响农村居民网购的因素

(21) 阻碍农村物流发展的最关键因素

如图 2.21 所示,在阻碍农村物流发展的最关键因素的调研中发现,40.59%的被调研者选择农村物流基础设施落后,信息化程度低为最关键因素,31.61%的被调研者选择农村的交通不便,地点分散为最关键因素,14.68%的被调研者认为农村需求水平低为阻碍农村物流发展的最关键因素。

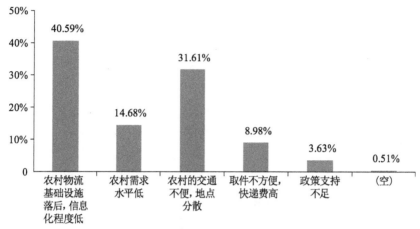

图 2.21　阻碍农村物流发展的最关键因素

(22) 目前农村快递存在的问题

如图 2.22 所示,在针对目前农村快递存在的问题的调研中发现,58.20% 的被调研者认为需要自己取货、快递取货点分散为农村快递存在的最大问题,41.62% 的被调研者认为物品丢失或损伤为农村快递存在的最大问题,35.06% 的被调研者认为没有及时送达为农村快递存在的最大问题。

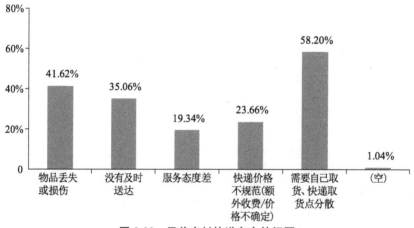

图 2.22　目前农村快递存在的问题

(23) 乡镇快递未来的发展期望

如图 2.23 所示,在针对乡镇快递未来的发展期望的调研中发现,44.39% 的被调研者希望快递配送到家,37.65% 的被调研者希望农村地区增加快递点。以上数据表明被调研者针对乡镇快递未来的发展譬如农村地区增加快递点,快递配送到家,快递点工作人员良好的服务态度,减少取件时的等待时间等有较大期待。

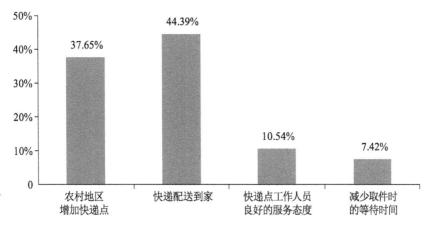

图 2.23　乡镇快递未来的发展期望

(24) 目前快递进村存在的问题

如图 2.24 所示,在针对目前快递进村存在的问题的调研中发现,60.28%的被调研者认为乡镇营业网点不规范,信息化程度低;51.12%的被调研者认为村民对网购的认可度不高,缺乏信任;39.72%的被调研者认为乡村揽件量少,派件成本高;28.32%的被调研者认为快递从业人员不足且业务水平不高。

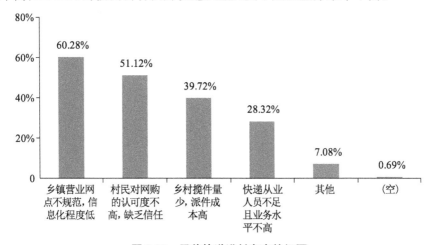

图 2.24　目前快递进村存在的问题

(25)"最后一公里"配送的不完善环节

如图 2.25 所示,在针对"最后一公里"配送的不完善环节的调研中发现,58.89%的被调研者选择了运输环节,40.41%的被调研者选择了分拣包装环节,36.96%的被调研者选择了信息处理环节,31.95%的被调研者选择了仓储环节等。以上数据表明"最后一公里"配送仍需在运输、仓储、分拣包装、流通加工、信息处理等环节加以完善。

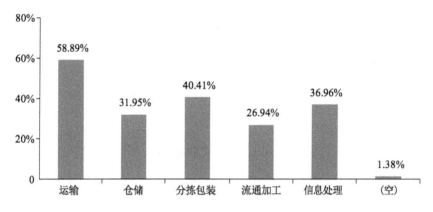

图 2.25 "最后一公里"配送的不完善环节

(26)阻碍农村快递发展的原因

如图 2.26 所示,在针对阻碍农村快递发展的原因的调研中发现,阻碍农村快递发展的主要原因集中于交通网络不发达,物流分散、配送效率低,设施落后、信息化程度低等方面,分别占 59.41%、58.72%、57.51%的比例。以上数据表明在农村发展快递仍需在交通、设施、信息化以及配送时效等方面加以完善。

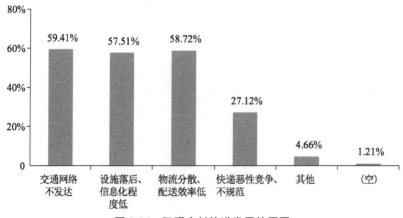

图 2.26 阻碍农村快递发展的原因

(27) 农村快递需要完善的环节

如图 2.27 所示,在针对农村快递需要完善的环节的调研中发现,76.17%的被调研者选择在配送速度方面加以完善,50.78%的被调研者认为在包装质量上需要完善,43.52%的被调研者认为在服务态度等方面需加以完善。

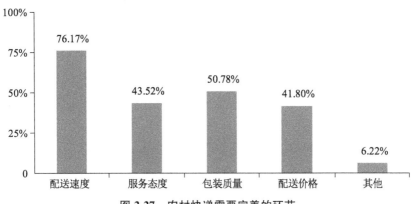

图 2.27　农村快递需要完善的环节

(28) 促进"最后一公里"发展的措施

如图 2.28 所示,在针对促进"最后一公里"发展的措施的调研中发现,65.63%的被调研者选择在建立村级智能投递柜来发展"最后一公里",65.28%的被调研者选择完善农村物流基础设施来发展"最后一公里",56.30%的被调研者选择健全农村物流网络来发展"最后一公里",44.91%的被调研者选择增加专业人才来发展"最后一公里"等。

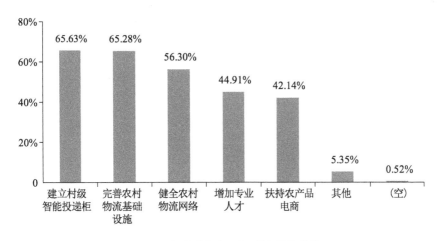

图 2.28　促进"最后一公里"发展的措施

2.4 物流企业口碑增长，物流费用逐年下降

据《江苏省国民经济和社会发展统计公报》和《江苏省"十四五"现代物流业发展规划》显示，2020年江苏社会物流总额达32.88万亿元，占全国比重11%左右，"十三五"期间年均增速7.4%，实现物流业增加值6 145.12亿元，占全省GDP比重达6%；同时，全省社会物流总费用与GDP的比率降至13.8%，较"十二五"末下降了1个百分点，低于全国0.9个百分点。2020年江苏快递业务量达69.8亿件，"十三五"期间年均增速25%；水路货运周转量占比达到62%，居全国前列；邮政业完成业务总量1 699.5亿元，年均增长19.1%；网络货运平台达83家，整合车辆59.8万辆，运输货物达1.7亿吨，交易额达202亿元，处于全国领先地位；4A级及以上物流企业达274家，居全国第一位，物流企业获得感显著提升，减税降费取得实效，"十三五"期间全省累计优惠公路水路通行费达147亿元。

为深入了解物流企业的现状，本书通过设计附录2所示的物流企业调查问卷，通过问卷星形式，对30家物流企业进行调研。针对单选及多选题，统计数据如下：

（1）企业2020年的营业收入

被调查的企业中，50%的企业2020年营业收入在1亿元以下，13.33%的企业营业收入在1亿～2亿元，6.67%的企业营业收入在2亿～5亿元，3.33%的企业营业收入在5亿～10亿元，3.33%的企业营业收入在15亿～20亿元，20亿元以上的企业占23.34%，如图2.29所示。

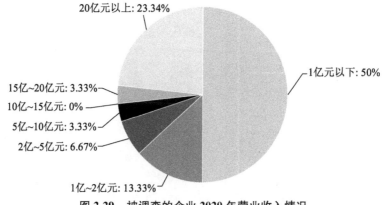

图2.29 被调查的企业2020年营业收入情况

(2) 企业上市情况

被调查的企业中,23.33%企业已上市,76.67%的企业未上市,见图2.30。

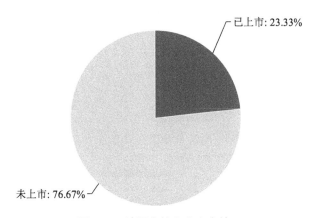

图 2.30　被调查的企业上市情况

(3) 企业资本构成情况

被调查的企业中,86.66%的企业是民营资本企业,6.67%的企业是国有或国有控股企业,6.67%的企业是港澳台投资企业,见图2.31所示。

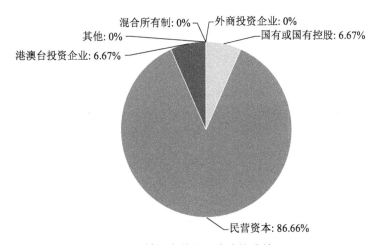

图 2.31　被调查的企业资本构成情况

(4) 企业业务构成情况

被调查的企业中,大部分物流企业都是多元化经营,其中从事公路货运的比例最高,达80%;第二是快递业务,占比50%;第三是港口业务,占比30%,具体见表2.6。

表 2.6 被调查的企业业务构成情况

业务	比例
铁路运输	23.33%
港口业务	30%
港口铁路业务	13.33%
水运业务	26.67%
公路货运	80%
快递业务	50%
公铁联运业务	23.33%
航空货运业务	20%
空铁联运	10%
空海联运	10%
物流信息化国际铁路联运	6.67%
合同物流业务	26.67%
物流园区域或场站业务	20%
国际货代	26.67%
公铁航水联运业务	6.67%
物流装备租赁业务	10%
集装箱堆场业务	26.67%
多式联运经营人	26.67%
其他业务（请注明）：	23.33%

(5) 企业营运仓库平均利用率情况

如图 2.32 所示,被调查的企业中,53.33%的企业营运仓库平均利用率在 70%~90%,23.33%的企业营运仓库平均利用率在 50%~70%,利用率在 90%以上的企业仅为 10%。

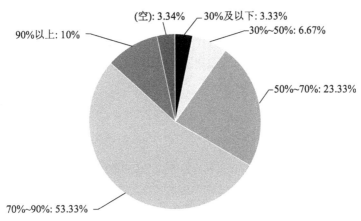

图 2.32 被调查的企业营运仓库平均利用率情况

(6) 企业运输方式情况

如表 2.7 所示,被调查的企业中,公路运输是企业采用最多的方式,占比 93.33%;其次是水路运输,占比 36.67%;铁路运输与多式联运一样,占比 33.33%;航空运输占比 30%。

表 2.7 被调查的企业运输方式情况

运输方式	比例
公路	93.33%
铁路	33.33%
水路	36.67%
航空	30%
多式联运	33.33%
(空)	3.33%

(7) 企业运输业务类型

如表 2.8 所示,被调查的企业中,从事零担业务的比例最高,达 96.67%;其次是整车运输,占比 90%;集装箱运输占比 53.33%,有待提高。

表 2.8　被调查的企业运输业务类型

运输业务类型	比例
整车	90%
零担	96.67%
集装箱	53.33%
(空)	3.33%

(8) 企业服务的客户规模情况

如表 2.9 所示,被调查的企业中,46.67%的企业所服务的客户是小型企业,30%的企业服务的客户是中型企业,只有 20%的企业服务的客户是大型企业。

表 2.9　被调查的企业服务的客户规模情况

客户规模	比例
以小型企业为主	46.67%
以中型企业为主	30%
以大型企业为主	20%
(空)	3.33%

(9) 企业客户访问本企业网络数据情况

被调查企业中,53.33%的企业为客户提供本企业网络数据,43.33%的企业不提供,见图 2.33 所示。

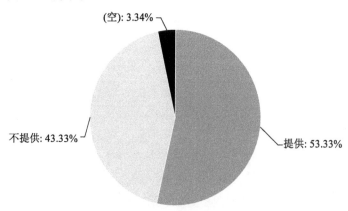

图 2.33　被调查的企业客户访问本企业网络数据情况

(10) 企业提供物流服务情况

如图 2.34 所示,干线运输服务是被调查企业中服务种类占比最多的,为 36.67%;其次是配送和货运代理,分别占 20%;第三是仓储保管,占 10%。

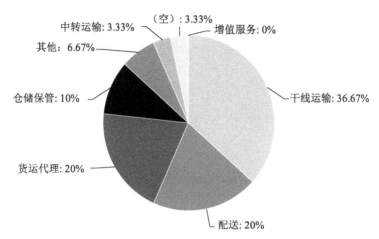

图 2.34　被调查的企业提供物流服务情况

(11) 企业选用中欧班列运输方式情况

如图 2.35 所示,53.33% 的企业不做国际货运业务,23.33% 的企业国际货运业务会使用中欧班列,20% 的企业国际货运业务不用中欧班列。

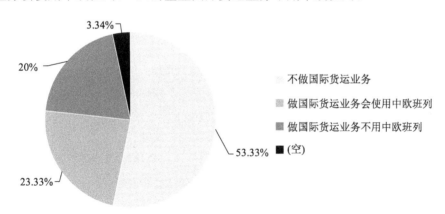

图 2.35　被调查的企业选用中欧班列运输方式情况

(12) 国际货运代理企业代理情况

被调查的企业中,有 73.33% 的企业不是国际货运代理企业,10% 的企业是一级代理或三级代理,6.67% 的企业是二级代理,具体如图 2.36 所示。

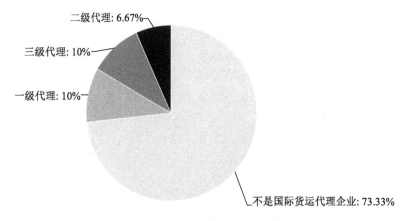

图 2.36 国际货运代理企业代理情况

(13) 国际货运代理企业目前订舱困难情况

在国际货运代理企业中,75%的企业订舱有难度,25%的企业订舱难度一般,具体见图 2.37。

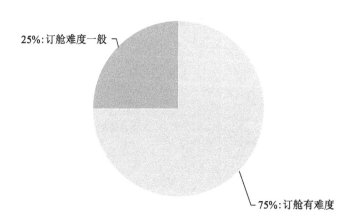

图 2.37 国际货运代理企业目前订舱困难情况

(14) 企业承接物流业务的主要方式

如表 2.10 所示,大部分企业都会选择建立长期伙伴关系来承接物流业务,占比达 96.67%;第二是客户主动上门,占比 73.33%;第三是业务网站,占比 66.67%;电子商务方式排第四,占比 60%。

表 2.10 企业承接物流业务的主要方式

承接物流业务的主要方式	比例
客户主动上门	73.33%
建立长期伙伴关系	96.67%
业务网站	66.67%
招投标	46.67%
电子商务	60%
其他	0%
（空）	3.33%

(15) 企业海外仓情况

如图 2.38 所示，73.33%的企业无海外仓，23.33%的企业有海外仓。

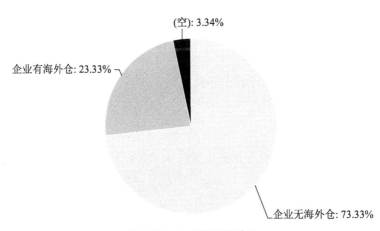

图 2.38 企业海外仓情况

上述仅列出问卷中的单选及多选统计结果，对于问卷中的填空题，由于答案较散，在此不一一详述。此外，本书根据调查问卷反馈结果，罗列问题，拟订访谈提纲，深度调研南通港码头管理有限公司、新长铁路有限责任公司、江苏政成物流股份有限公司、常州录安洲长江码头有限公司、江苏飞力达国际物流股份有限公司、中车戚墅堰机车车辆工艺研究所有限公司、汉达精密电子（昆山）有限公司、昆山利韬电子有限公司等物流公司或物流部门。

2.5 农村电商发展快速,区域差异较为明显

推动农村电商高质量发展、完善农村现代流通体系是加快形成强大国内市场和畅通"双循环"的关键路径。经过深入苏南、苏中、苏北地区的一线调查发现,江苏农村电商整体发展态势良好,电商氛围日趋浓厚、电商主体逐渐壮大、电商规模不断增长、支撑体系不断完善,但区域差异明显,各地区特色农产品培育、物流基础设施建设、经营主体发展、电商运营和推广的发展现状各不相同,统计结果如下:

(1) 被调查者年龄分布情况

如图 2.39 所示,比较分析来看本次调研受访者大多为小于或等于 20 岁及 21~26 岁。

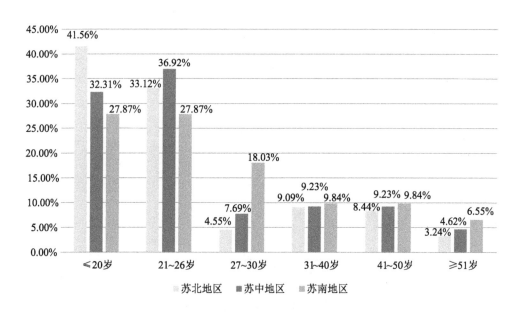

图 2.39 被调查者年龄分布情况

(2) 被调查者月收入情况

如图 2.40 所示,苏北、苏中地区被调查者月收入普遍低于或等于 1 000 元,苏南地区被调查者月收入较高,为 4 000~6 000 元。

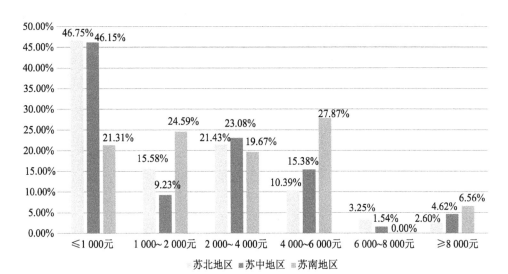

图 2.40　被调查者月收入情况

(3) 被调查者居住地分布情况

如图 2.41 所示,问卷受访者主要来源于乡镇。

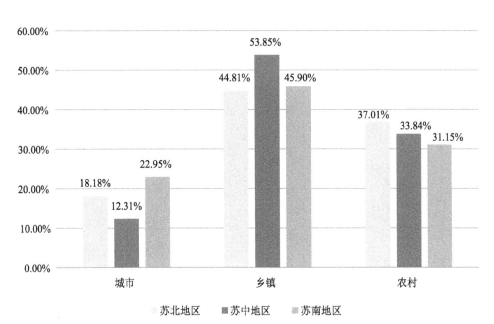

图 2.41　被调查者居住地分布情况

(4) 被调查者网购频率情况

如图 2.42 所示,被调查者每月 6 次以上网购频率的较高,其中苏北与苏中地区选择偶尔的比例较高,苏南地区选择经常的比重占 31.15%,符合区域经济发展差异,说明区域发展水平较高的地区,农村网购消费频率较高。

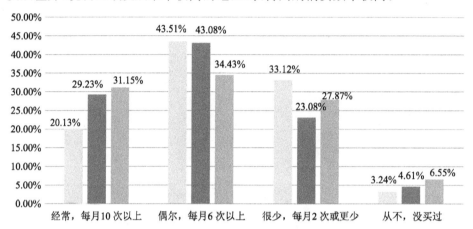

图 2.42　被调查者网购频率情况

(5) 被调查者每个月收取快递的频率

如图 2.43 所示,大部分受访者收取快递频率与购买频率相同,每月 6 次以上,然而苏南地区较苏北、苏中地区选择经常和偶尔收取快递的比例较低。

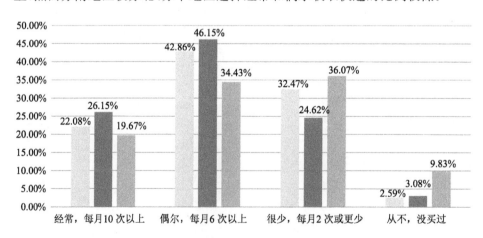

图 2.43　被调查者每个月收取快递的频率

(6) 被调查者代别人取快递的情况

如图 2.44 所示,被调查者代别人取快递的较少,每月 2 次或更少占比较大,其中苏南与苏北地区占比较高,说明代取快递在江苏农村地区较少。

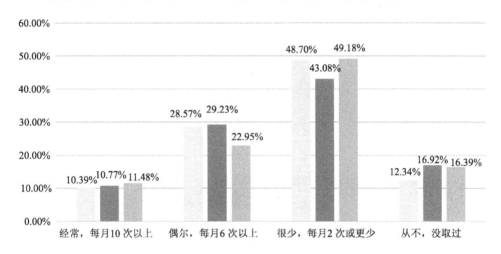

图 2.44 被调查者代别人取快递的情况

(7) 被调查者邻居网上购物的人数情况

如图 2.45 所示,问卷调查发现被调查者邻居网上购物的情况很多和一般占比较大。

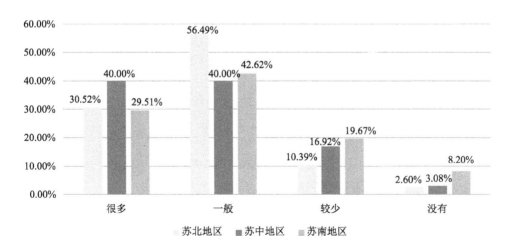

图 2.45 被调查者邻居网上购物的人数情况

(8) 被调查者认为对于居民网上购物存在的最主要问题

如图 2.46 所示,被调查者认为对于居民网上购物最主要的问题是担心不安全会受骗及取快递麻烦。

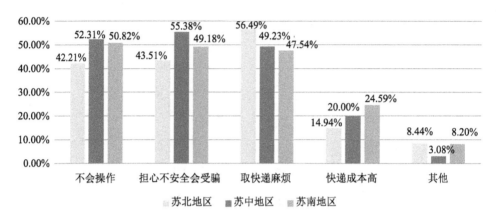

图 2.46 被调查者认为对于居民网上购物存在的最主要问题

(9) 被调查者在网上购物的主要商品种类

如图 2.47 所示,通过调查发现苏中地区被调查者衣物类及日常生活用品类产品购买较多,说明农村地区对于基本物质需求是首要的。

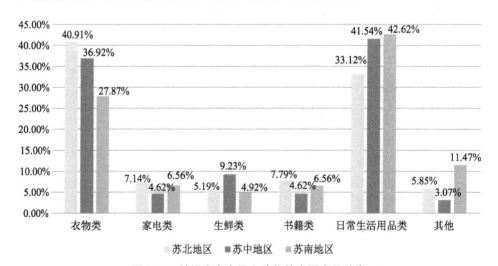

图 2.47 被调查者在网上购物的主要商品种类

(10) 被调查者认为有无必要在农村开展电商

如图 2.48 所示,调研发现大部分受访者认为在农村开展电商非常有必要,说明江苏电子商务在乡村振兴发展方面政策及宣传以及农民思想的转变在全国来看位于前列,下一步可能要考虑如何将专业知识带到农村,并帮助农民快速掌握。

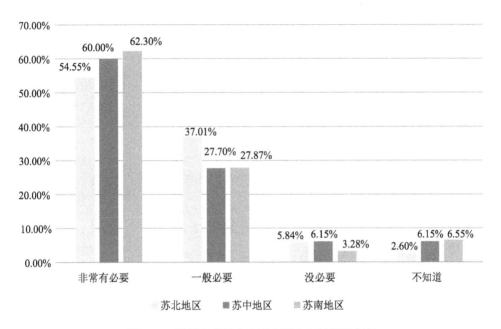

图 2.48　被调查者认为有无必要在农村开展电商

(11) 被调查者平时购买农产品的途径

如图 2.49 所示,调研发现大部分受访者认为农产品购买途径为身边超市或小摊及网购,说明网购已经成为农村人口主要消费的渠道,与传统的超市、小摊并驾齐驱并有超越的迹象。

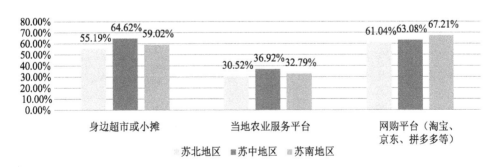

图 2.49　被调查者平时购买农产品的途径

(12) 被调查者身边的人销售农产品的方式

如图 2.50 所示,调研发现大部分受访者认为身边的人通过自己拉到集市上销售把他们的农产品销售出去,说明农民对于互联网及计算机相关知识不了解,对于如何开网店并售卖没有受到较好的专业指导。

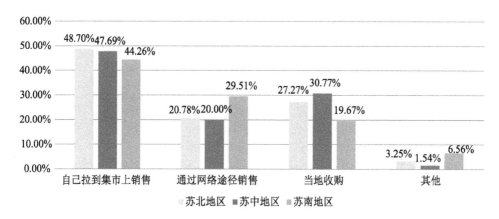

图 2.50　被调查者身边的人销售农产品的方式

(13) 被调查者认为农村电商发展的阻力因素

如图 2.51 所示,调研发现大部分受访者认为阻碍农村电商发展的阻力因素是没有专业人士指导及不懂电商技术,说明农民对于电子商务专业知识需求较大,但当前没有形成政、企、校较为完善的农村电商产教融合机制。

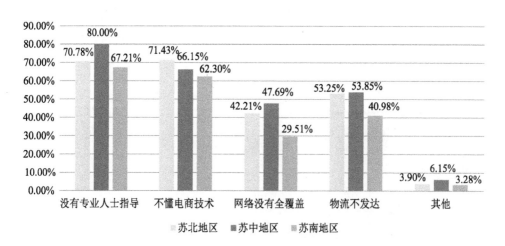

图 2.51　被调查者认为农村电商发展的阻力因素

(14) 被调查者平时关注当地的农业以及农产品信息程度

如图 2.52 所示,调研发现大部分受访者偶尔关注当地的农业及农产品信息,说明大部分农民对于农业及农产品相关信息有关注但不经常关注,因此对于农产品流通及消费模式不了解,只能依据传统的销售方式去集市销售。

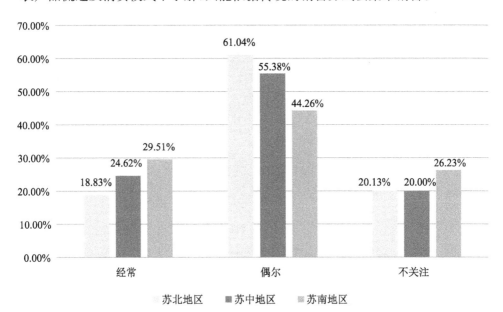

图 2.52 被调查者平时关注当地的农业以及农产品信息程度

(15) 被调查者认为农户没有在网络上销售自己农产品的原因

如图 2.53 所示,调研发现大部分受访者认为农户没有在网络上销售自己农产品的原因是因为不懂在网络上如何销售,所以农民迫切需要电子商务的专业知识,希望能通过数字经济下电子商务渠道打开销路。

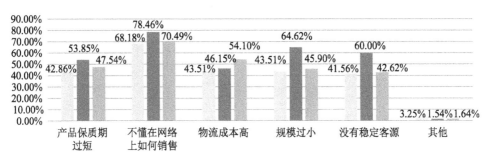

图 2.53 被调查者认为农户没有在网络上销售自己农产品的原因

(16) 当地政府对于农村电商在金融、税收等方面的补助和支持政策

如图 2.54 所示,调研发现大部分受访者认为农村电商在当地有金融、税收等方面补助的,说明政府对于电子商务资金、税收方面有支持,但建议政府部门引入商贸流通专业职业类院校,形成有机的产业教学合作机制。

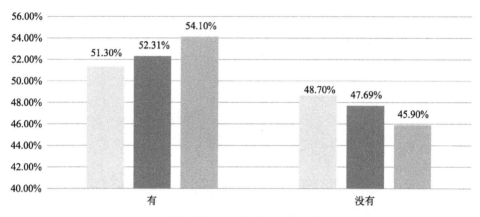

图 2.54 当地政府对于农村电商在金融、税收等方面的补助和支持政策

(17) 当地建有"苏宁小店"等农村电商试验点的情况

如图 2.55 所示,调研发现大部分受访者当地没有建立"苏宁小店"试点。

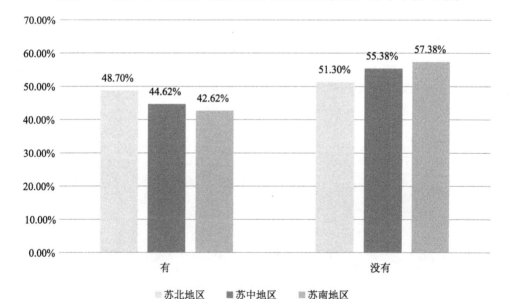

图 2.55 当地建有"苏宁小店"等农村电商试验点的情况

(18) 被调查者在网购中最注重的问题

如图 2.56 所示,调研发现大部分受访者在网购中最关注的是商品质量。

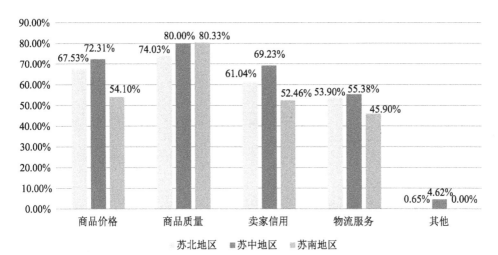

图 2.56　被调查者在网购中最注重的问题

(19) 被调查者认为农村电商建设对于当地经济发展的帮助情况

如图 2.57 所示,调研发现大部分受访者认为农村电商建设对于当地的经济发展非常有帮助。

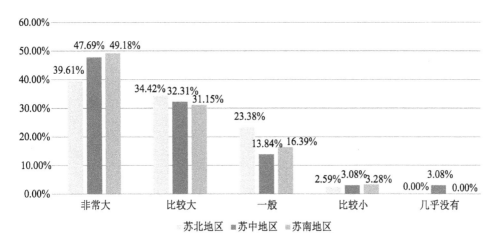

图 2.57　被调查者认为农村电商建设对于当地经济发展的帮助情况

(20) 被调查者认为农村电商建设对农民增收的帮助情况

如图 2.58 所示,调研发现大部分受访者认为农村电商建设对农民增收非常有帮助,但苏北地区也有不少受访者认为农村电商建设对农民增收比较大或一般有帮助,说明地区差异影响到农民对农村电商发展认知。

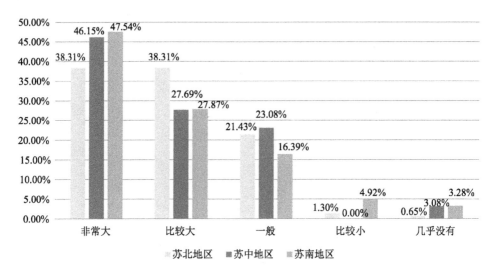

图 2.58　被调查者认为农村电商建设对农民增收的帮助情况

(21) 如果当地建立相关农村电商平台,被调查者参加的愿意情况

如图 2.59 所示,调研发现如果当地建立相关农村电商平台,大部分受访者愿意参加。

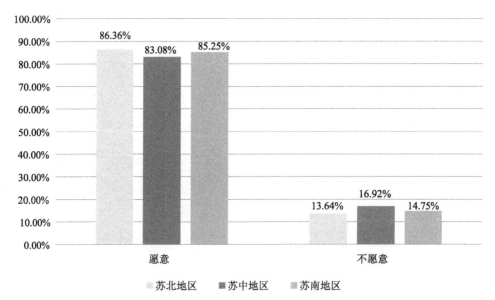

图 2.59　被调查者参加农村电商平台的愿意情况

(22) 在农村电商发展过程中，被调查者希望获得帮助的情况

如图 2.60 所示，调研发现大部分受访者希望在农村电商发展过程中获得电商人才帮扶、当地政府支持、电商技术培训、资金支持等，但苏北地区选择其他也存在，说明苏北地区对于电商的发展还需要考虑更多与基础设施相关的因素。

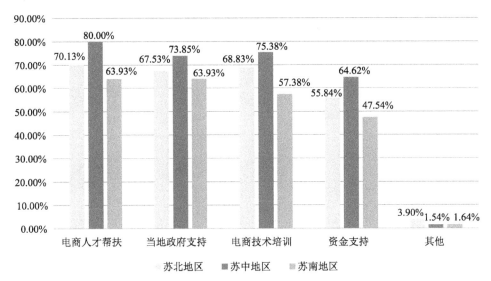

图 2.60　被调查者希望在农村电商发展过程中获得帮助的情况

(23) 被调查者认为制约电商在农村发展的因素

如图 2.61 所示，调研发现大部分受访者认为制约电商在农村发展的因素中，信息基础设施落后、对电商不了解、农村物流不完善等因素占比较高，其次是电商人才缺乏、对电子交易安全不放心等因素。

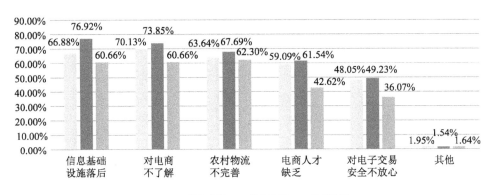

图 2.61　被调查者认为制约电商在农村发展的因素

(24) 对于网购的货物,被调查者在意到货时间的态度情况

如图 2.62 所示,调研发现大部分受访者对于网购到货时间很在意。

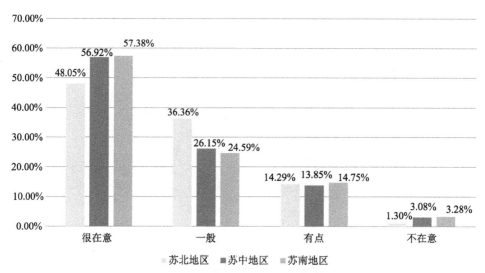

图 2.62 被调查者在意网购到货时间的态度情况

(25) 网购过程中,被调查者有无要求店家发指定的快递公司

如图 2.63 所示,调研发现大部分受访者在网购过程中不会要求店家发指定的快递公司。

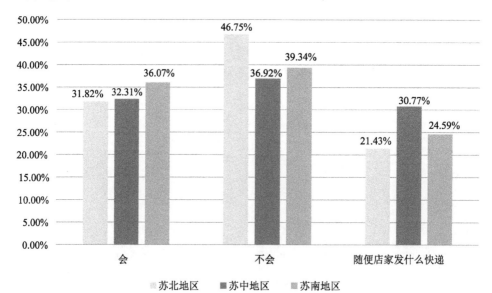

图 2.63 被调查者有无要求店家发指定的快递公司

(26) 被调查者所在的村庄、乡镇物流快递公司情况

如图 2.64 所示,调研发现大部分受访者所在的村庄、乡镇均有以下快递。

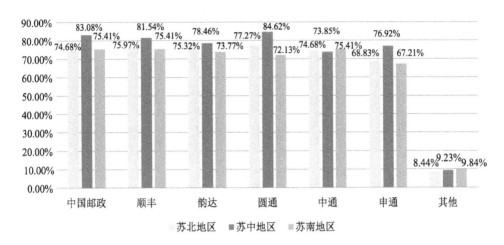

图 2.64　被调查者所在的村庄、乡镇物流快递公司情况

(27) 如果配送上门,被调查者付费的愿意度情况

如图 2.65 所示,调研发现大部分受访者认为如果配送上门不愿意付费。

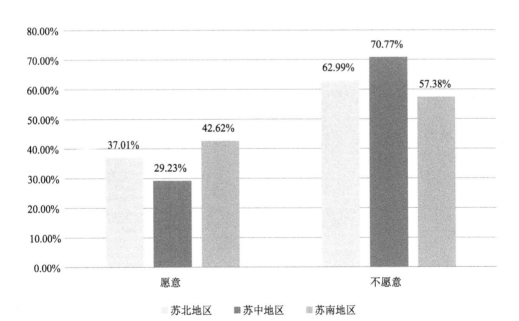

图 2.65　被调查者对配送上门付费的愿意度情况

(28) 被调查者认为要发展农村电商物流应该优先解决的问题

如图 2.66 所示，调研发现大部分受访者认为要发展农村电商物流应该优先完善农村交通物流网络。

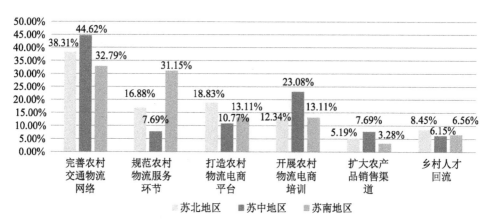

图 2.66 被调查者认为要发展农村电商物流应该优先解决的问题

(29) 被调查者选用快递公司考虑的主要因素

如图 2.67 所示，调研发现大部分受访者选用快递公司考虑的主要因素是价格便宜、服务态度好、覆盖区域广、送货快捷等，由此可见消费者对于选择企业的主观意愿有一致性。

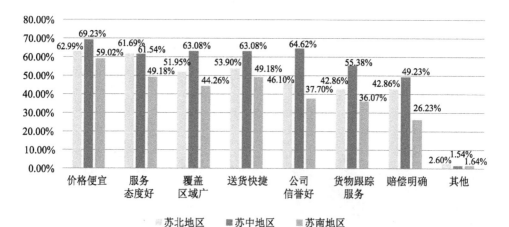

图 2.67 被调查者选用快递公司考虑的主要因素

(30) 被调查者网购中遇到的无法接受的问题

如图 2.68，调研发现大部分受访者货物受损严重在网购中最无法接受。

2 江苏现代流通体系的建设现状分析

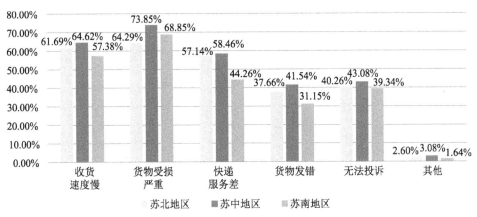

图 2.68 被调查者网购中遇到的无法接受的问题

(31) 被调查者最希望农村物流快递公司改进的方面

如图 2.69,调研发现大部分受访者最希望农村物流快递公司改进送货速度。

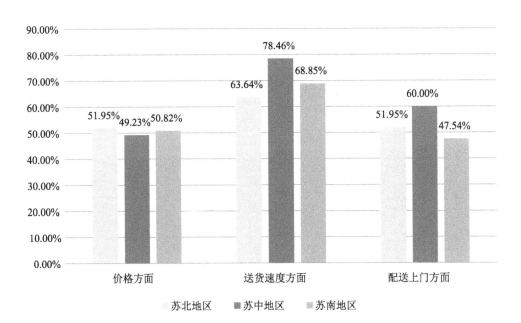

图 2.69 被调查者最希望农村物流快递公司改进的方面

(32) 被调查者当前快递取货的主要方式

如图 2.70 所示,调研发现大部分受访者快递取货的主要方式是自取。

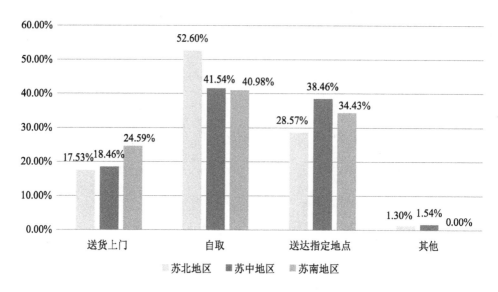

图 2.70　被调查者当前快递取货的主要方式

（33）被调查者希望的取货方式

如图 2.71 所示，调研发现大部分受访者希望的取货方式为送货上门。

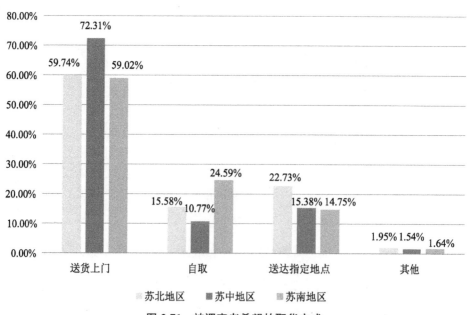

图 2.71　被调查者希望的取货方式

(34)被调查者和快递公司合作过程中是否有过不愉快的经历

如图 2.72 所示,调研发现大部分受访者和快递公司合作过程中有过不愉快的经历是物件损坏,但苏南地区大部分受访者认为物件丢失更为严重。

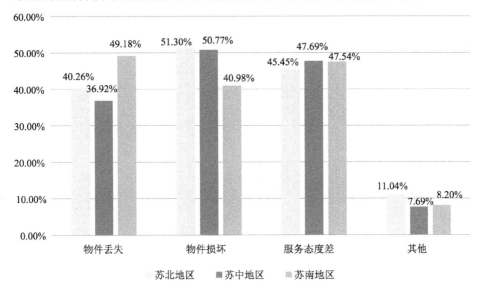

图 2.72　被调查者和快递公司合作过程中是否有过不愉快的经历

(35)被调查者认为现在物流费用的高低情况

如图 2.73 所示,调研发现大部分受访者认为物流费用一般。

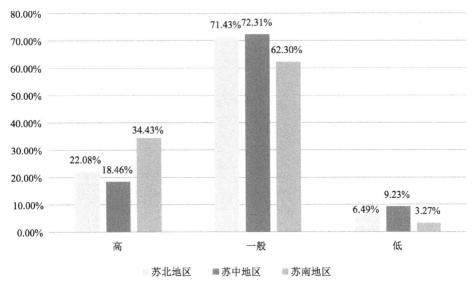

图 2.73　被调查者认为现在物流费用的高低情况

(36)被调查者对农村物流的满意程度

如图 2.74 所示,调研发现大部分受访者对农村物流满意度一般。

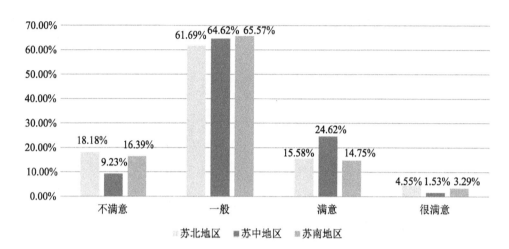

图 2.74　被调查者对农村物流的满意程度

(37)被调查者认为目前在配送方面影响满意度的主要原因

如图 2.75 所示,调研发现大部分受访者认为目前在配送方面影响满意度的主要原因是不能送货上门,但苏南地区受访者认为是快递成本过高,说明发展水平高的地区,物流成本也比较高。

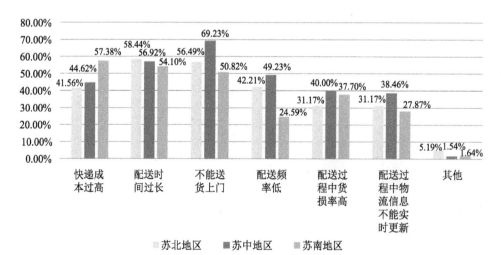

图 2.75　被调查者认为目前在配送方面影响满意度的主要原因

2 江苏现代流通体系的建设现状分析

(38) 调研所属地情况

如图2.76所示,调研大部分受访者所属地为乡镇(街道)及乡村。

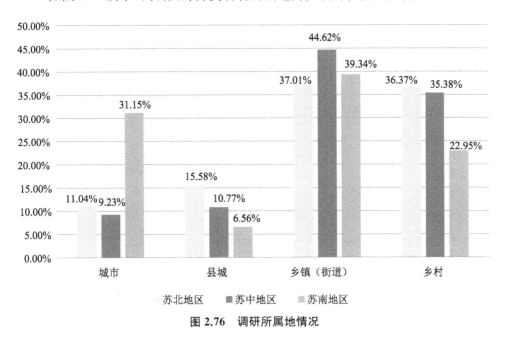

图2.76 调研所属地情况

2.6 外贸经济小幅增加,贸易结构继续优化

流通企业是从事商品批发、商品零售或者批发零售兼营的企业,包括粮食、物资、供销、外贸、医药商业、石油商业、烟草商业、图书发行以及从事其他商品流通的企业。本书以外贸公司为例,进行深入分析。

《中华人民共和国国民经济和社会发展第十四个五年规划和2035年远景目标纲要》提出,加快构建以国内大循环为主体、国内国际双循环相互促进的新发展格局,在此背景下江苏外贸企业主体发展将会影响到江苏区域经济的发展,随着经济增长、数字化、智能化的影响,进而转向成为互联网、生产性服务业等现代外贸为主体的企业,为了打造江苏国内国际双循环商贸流通体系,需要加大对于生产性服务业及跨境电商产业的支持力度。

根据《江苏省国民经济和社会发展统计公报》数据,2020年江苏全省完成货物进出口总额44 500.5亿元,比上年增长2.6%。其中,出口总额27 444.3亿元,增长0.9%,进口总额17 056.2亿元,增长5.5%,贸易结构继续优化。全年一般贸易进出口总额增长6.1%,占全省进出口总额的比重为53.4%,超过加工贸易的比重18.1个百分点;机电设备、高新技术产品出口占全省出口总额的比重分别为66.8%和37.2%。从出口主体看,国有企业、外资企业、私营企业出口额分别下降11.2%、下降5.7%和增长13.6%。

由图2.77可知,2018—2020年三年间江苏外贸进出口总额有所增长,但外贸形式以出口为主,因此江苏既是制造业大省,也是外向型外贸企业聚集的区域,如何发挥好以外贸企业为主体,构建江苏商贸流通体系显得尤为重要。

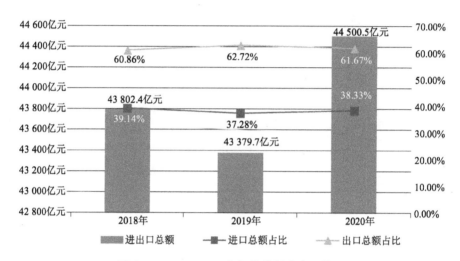

图2.77　2018—2020年江苏外贸进出口情况

数据来源:《江苏省国民经济和社会发展统计公报》整理

3 江苏现代流通体系存在的问题及制约因素分析

3.1 江苏现代流通体系存在的问题

3.1.1 流通网点布局不够均衡,干支末通道不能大联通

虽然目前江苏流通网络已基本形成,综合交通运输体系不断完善,但与流通体系高质量发展仍不匹配。根据质性访谈,利用扎根理论软件,围绕"公铁水海陆等中转场站"核心词进行求解,得到图3.1所示中转场站的质性访谈分析结果。

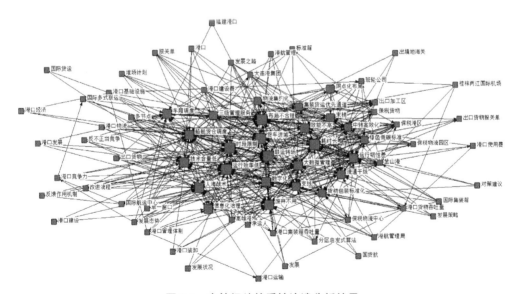

图 3.1 中转场站的质性访谈分析结果

围绕"公铁水海陆等中转场站"的具体关键词包括:①布局不合理、运行效率低、联运转场、耗时长、货车进城、时段限制;②废弃不用、技术含量低、人海战

术；③数字化、大数据管理、车厢调度、船舱货仓调度、运行韧性差、信息化治理、效能不高；④流通干线、支线、末梢，三级管理服务，网点化布局；⑤集装货运优先通道、绿色低碳标准、货物包装标准化、中转高效化、物流集约化。

基于前述数据资料分析及通过实地调研，发现：①江苏"公-铁-水""空港""河-江-海"等通道仍存在诸多"断点"和"堵点"；②枢纽"节点"效率有待提升；③信息化程度整体不高且水平参差不齐；④物流金融发展程度较低。

(1) 铁路货运通道存在"断点"

自20世纪90年代以来，江苏已初步建成纵横贯通的大"十字"铁路货运通道。由访谈得知，目前新长铁路有限责任公司经营的"新长铁路"（新沂至长兴、林场至南通东、海安至洋口港铁路），营业里程942公里（其中：新长线594公里、宁启线271公里、海洋线77公里），存在"断点"问题。泰州（靖江）—无锡（江阴）轮渡至今留有隐患；江阴轮渡已经停渡，新长线作为原国家路网沿海大通道及江苏省内南北铁路运输通道功能已经暂停；此外，大丰港、洋口港尚未建成打通。

(2) 空港众多，但规模小、协同弱、配套差

在实地调研中发现，江苏地方政府在机场建设中，易于受短期利益驱动，盲目扩张口岸规模，与进出口活动需求不匹配，引发资源配置失衡等问题，不能实现空港资源的集约运用，空港发展存在诸多问题，亟待解决。

一是航线少。目前，南京禄口国际机场定期货机国际航线仅有美线、欧线、日线，周班次很少。

二是吞吐量小。以南京禄口国际机场为例，货运吞吐量约为50吨/周，对比上海浦东国际机场的5 000吨/周，仅为上海浦东国际机场的1%。

三是货运机数量严重不足。这是全国普遍性问题。

四是补贴航线机制不完善。各地因过度追求补贴，而进行吞吐量数据造假。

五是临空产业配套差。2019年3月，南京空港枢纽经济区正式获得国家发改委和民航局支持，发展临空经济示范区。但目前地方政府招商引资的思路仍是"投资强度"驱动，没有指向性，缺少发挥机场优势的具有匹配度的产业。

六是冷链物流不发达。相较于上海、广东地区的冷链物流，江苏差距较大。

(3) "河-江-海"联运不足，内河港岸线利用率低

长江黄金水道最有价值的航运段在江苏境内的南京港以下水道，但是由于集装箱装箱率较低、海铁联运成本过高，铁路、高等级公路与重要港区的连接线

不畅通,导致货运公司选择港口受限,"河-江-海"联运、"公-铁-水"联运不足。此外,江苏省内拥有可规划内河港口岸线416.9公里,而实际利用的仅为139公里,利用率不足34%。

(4) 信息化水平整体较低

① 不同类型的通道内部信息化水平参差不齐,影响运输效率

流通通道主体都进行了信息化转型,但是由于信息基础设施建设水平不同,因此信息化程度参差不齐,特别是自动化、智能化未被广泛应用。

a. 航空和港口总体信息化程度较强,但短板明显。南京禄口国际机场货运物流信息系统是可以与海关双向打通的航空物流信息平台,是全国较好的航空公司货运信息化平台,江苏省内除了苏南硕放国际机场,其余均使用此系统作业,但航空仓管系统相比上海,无论是信息效率还是接口通用性都不足。港口的电子口岸信息化程度较高,但散杂货不易标准化,使自动化作业有难度,港口生产信息化系统与自动化系统的数据壁垒没有打通,部分作业仍需人工操作。

b. 铁路和公路的货运信息化较弱,水平参差不齐。铁路内部的货运组织系统缺乏可视化且全程的信息跟踪,货运的设备、人员、货物等进行单元化、数字化标识的程度不强。铁路对外专线的货场信息网覆盖不足,电子商务系统不完善,不能形成货运一体化。缺乏覆盖铁路内外的,包括大宗货物、高铁快递等所有物流产品的统一信息平台。货运需求信息、企业生产信息、车辆配置信息、仓库装卸信息没有互通互联。铁路货运系统没有与外部平台共享物流信息,没有开放数据交换接口,无法与第三方物流企业、港口、工业园、厂矿企业等外部信息打通。公路货运的企业多而分散,有采用第三方信息平台的,也有自己定制开发的平台,因为实力不同所以信息化程度不同,均能实现基本的货物跟踪,可以进行物流信息的查询,但缺乏大数据技术的支撑,难以有效匹配车与货,解决公路运输重点环节的能力不强。

c. 智能化、大数据等先进技术未被广泛应用。智能化作为前沿技术,并未充分应用于物流运输行业,如新能源配送车辆、智能物流机器人、智能安检机、无人驾驶车辆和冷链快递等技术装备,都未得到广泛使用。通道各主体拥有海量的货运数据,但数据没有被充分运用挖掘,并用于提升货运效率和管理决策。

② 信息标准化建设落后

不同区域物流运输设备缺乏统一标准,信息采集也没有统一的标准,物流运

输信息难以共享,使得企业在进行跨区域物流运送时常常感到无所适从,进而大大降低了江苏跨区域流通效率。不同通道之间的信息化水平不同,甚至存在较大差距,导致通道之间缺乏统一信息采集标准,从而增加了流通服务对象的信息采集成本,不利于流通效率的提高。

③ 不同类型通道是信息的孤岛

信息孤岛现象较为严重,公、铁、水、航空之间未能实现实时信息共享。这是由于通道中各主体需求不一致,彼此信息联通的动机较弱。另外,信息基础水平不一,信息标准化程度不一,导致信息不能充分共享和流动,缺乏多式联运信息服务平台。人、货、车、仓库之间也未能实现实时信息共享,这是由于货运主体多,特别是末端主体小而分散,投入产出比低,第三方企业推动公共货运平台的动力不强,企业之间缺乏有效的信息资源共享和整合。

没有公共的多式联动平台为制造企业开展一站式境内物流,没有公共的信息服务平台为制造企业订舱代理、整箱拼箱、货车与船舶定位、多式联运等一站式跨境物流服务,这大大增加了企业物流发货成本。

3.1.2 流通网络末梢不够畅通,农村流通基础设施薄弱

构建农村现代流通体系是促进农业发展、搞活农产品流通、帮助农民增收致富、扩大城乡消费的有效途径,是促进乡村振兴和新发展格局构建的重要内容。近年来,江苏大力推进农村现代流通体系建设,取得了显著成绩,但也突显了其存在的问题。

根据质性访谈,利用扎根理论软件,围绕"快递终端网点和用户"与"农村物流配送"两大核心词进行求解,得到图3.2快递终端网点和用户的质性访谈分析结果与图3.3农村物流配送人员的质性访谈分析结果。

围绕"快递终端网点和用户"的具体关键词包括:①物流包装、形式多、乱、五花八门、质量差、参差不齐;②包装物、重复使用率低、不环保、污染环境;③强制推行、再生包装材料、绿色包装材料、绿色物流体系。

围绕"农村物流配送"的具体关键词包括:①乡镇、"最后一公里"、配送、散、乱、发货慢、交通不便;②设施落后、进不了村、小本经营;③不绿色、包装差、不环保、不经济;④自提、效率低、服务单一、网点少;⑤布局乱、不安全、乱收费、货物破损;⑥时效性差、滞后、不通畅、放管服、主体活力、韧性。

3 江苏现代流通体系存在的问题及制约因素分析

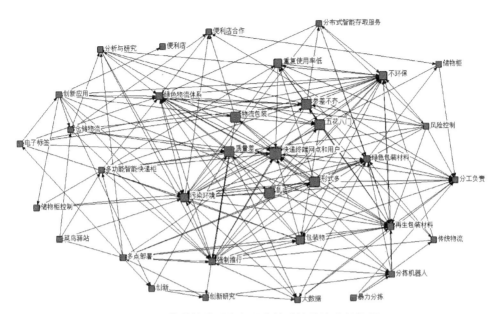

图 3.2 快递终端网点和用户的质性访谈分析结果

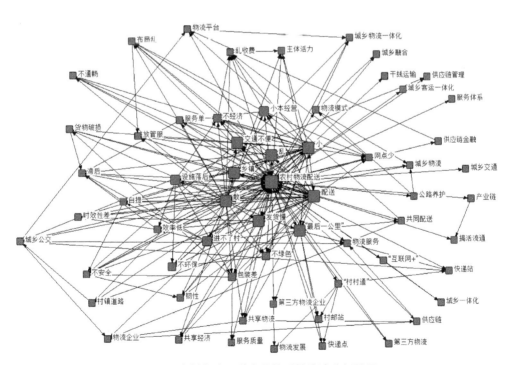

图 3.3 农村物流配送人员的质性访谈分析结果

对上述质性访谈分析结果进行归纳总结,农村物流存在如下问题:

(1) 末端基础设施和三级物流体系有待加强完善

经过调研发现,截至2020年底,中国邮政江苏省公司已建成县域邮件处理中心52个、乡镇支局网点1 802处,基本实现了建制镇的全覆盖,但实现建制村的全覆盖的目标还没有实现。虽然建成了村邮站3 896个、村级邮乐购站点5 933个,农村快递代投自提点1.5万个,农村邮路5 200条,但离实现18.9万个自然村的全覆盖尚有很大差距,"快递进村"目标还没有完全实现。

调研发现快递终端网点(含自助式)设置条件、消防安全、卫生防疫等,缺少统一技术标准和运行管理规范。物流包装形式五花八门,质量参差不齐,包装物重复使用率低且污染环境。部分受访者提出政府应强制推行再生包装材料、绿色包装材料,推广绿色物流体系。

调研还发现,江苏农村物流存在快递成本高、寄取件困难、时效性低、末端存在乱收费等问题,部分乡村道路还存在没有硬化及过窄问题,特别是电商集中的村镇,原来的道路规划没有充分考虑大货车的通行,严重影响了流通效率,同时县区和乡镇的物流中心或物流园区智慧化建设水平低,也制约了县乡村三级流通体系的畅通,同时由于苏北农村点多、面广、业务分散,农村电商物流发展仍面临各自为政,缺乏统一规划等问题。因此,构建高效的现代流通体系是当前江苏加快农村产业和消费升级的迫切要求。

(2) 冷链基础设施和体系建设有待加快推进

相对一般货物而言,鲜活农产品对物流的要求更高,农村电商要想获得消费者的认可,拓展农产品的销路,需要有冷链物流来保证农产品的品质和新鲜度,并减少农产品在运输过程中的损耗。调研发现,江苏农村鲜活农产品受到冷链物流服务限制,农产品的销售半径仅局限在附近的城市圈。江苏农村普遍存在冷链物流短板,一是农产品产地低温冷库和冷链中心建设普遍缺失,有些地方农产品产得出却存不住,卖得出却运不起,严重影响了当地农民增收,降低了市场调节能力;二是冷链体系建设不健全,冷链运输的技术要求高、运行成本高、协作难度大,冷链运输过程中"断链"问题突出,主要包括以下几种情况:第一,不同设备之间缺乏衔接,在公路和铁路冷链转运过程中,由于两种冷藏设备和包装的差别,无法在低温环境下完成;第二,不同农产品对冷链温度要求不同,但冷链设备缺少分区温控的手段,直接将需冷冻的农产品放进冷藏区;第三,有一些运输企业为了降低成本,在运输中途关闭冷储设备,导致冷链"断链";第四,终端配送中,不用保温包装,导致产品变质,有的生鲜农产品损耗率高达30%,像阳澄湖大闸蟹、阳山水蜜桃等,即使选用冷链服务,也普遍面临着成本过高、利润受到严重压缩的问题。综合以上问题,可以看出江苏农产品冷链物流基础设施和体系建设亟须完善。

(3) 流通方式和新业态有待继续完善

调研发现,苏北农村商品流通方式和经营业态较为落后,农民购物仍然依赖传统的流通方式。苏北地区58.89%的居民是从代销店、流动商贩和集贸市场购买日用品,55.25%的居民认为通过电商购物时,取件问题突出,物流点设置不便利,同时,通过调研发现,"交邮融合"战略的推进也不顺利,存在专业客货混装的车型和政策限制,"统仓共配"也面临着物流资源整合和数字化转型的挑战。

苏北农村的电商发展问题依然突出,首先,普遍存在"小、散、乱"等方面的问题,很多农村电商还处于传统的家庭经营,规模小,与集体工业化生产的商品不同,生产的农产品质量常常参差不齐,影响电商产品的销售量和消费者的购买体验,大多数农民没有品牌意识,缺乏经营信誉,存在以次充好的问题,相关监管不到位;同时,因为从业者对市场信息不敏感,市场定位不准确,导致经营风险较大。因此,综合来说,苏北地区迫切需要提升农村电商产品的品质,增强农民的品牌意识,创新发展模式,发展新业态。其次,苏北地区农村电商发展普遍存在着人才、技术、运营技能缺乏的问题,如以"沙集模式"闻名全国的苏北电商家具产业集群,虽已形成了一条非常成熟的产业链,但因低价竞争、缺少品牌和产品创新,电商卖家和物流服务商利润都受到严重压缩,普遍陷入产业链低端锁定的困境,不利于当地农民和产业的良性发展,急需探索新发展模式。

通过调研还发现,江苏农村地区普遍存在农村电商、物流、金融、法律、贸易、农业技术人才缺乏的问题,但是苏南和苏北相比,存在一定的差异性,一是地域吸引力问题,苏南地区经济发达,流通体系完善,产业链发达,待遇高,返乡的大学生较多,因此可以通过社会招聘解决人才问题;而苏北地区因为经济发展水平相对较低,返乡大学生较少,很难通过社会招聘解决人才问题;二是苏北与苏南地区相比,产业发展处于不同阶段,苏南地区的产业链完整,工业化程度高,处于品牌发展阶段,而苏北地区还处于电商发展的初级阶段,产业链不完整,电商运营和物流企业发展速度较慢,专业化程度不高,同时因为高职院校专业设置与产业发展契合度不足,导致电商运营人员、冷链物流人才、贸易及农业方面的专业人才严重匮乏。因此,当前苏北地区线上线下融合发展的农产品现代流通体系尚不健全，农民合作社等还未完全建立，新型主体未能充分发挥其带动作用，还需要加大培育力度。

(4) 流通网络体系运行质量有待提高

苏南、苏北经济发展不平衡，导致农村流通网络体系健全程度有差距，相对于苏南地区的城乡一体化，苏北地区城乡差距明显，尤其是苏北地区流通基础设施现代化水平不高，冷链物流和交通设施相对落后，很大程度上影响了流通效率和农产品供应链服务水平。苏北地区初级农产品较多，主要靠旺季销售获利，但是因为物流时效性差、冷链不发达、冷链建设成本高等问题致使农产品供应链损耗高、收益低，农民利益受挤压，当地农民缺少可持续的增收渠道。加之，农村流通主体以个体经营的中小流通企业为主，普遍规模较小、实力不强，缺乏把控商品质量的能力和有效手段，给了假冒伪劣商品进入农村市场以可乘之机，诸如沭阳假种子、真假阳山水蜜桃等问题，扰乱了农村消费市场秩序，损害了农村居民消费积极性。

3.1.3 物流成本仍旧居高不下，物流企业无国际话语权

根据质性访谈，利用扎根理论软件，围绕"物流企业"核心词进行求解，得到图3.4物流企业的质性访谈分析结果。

围绕"物流企业"的具体关键词包括：①公路运输、订舱难度大；②新冠疫情、集装箱紧缺、一箱难求；③货车司机、货运进城难、多头管理、昼伏夜出、"红眼货运"、成本高、效率低下、安全隐患；④无海外仓、营运仓库、仓储条件简陋；⑤数字化水平低、数据共享少、客户。

(1) 合作双方资金有限，自动化升级受阻

制造企业已意识到物流与供应链的重要性，愿意与物流企业合作，对于仓储自动化升级、供应链平台规划等方案持肯定态度，也迫切希望能够实现。但制造企业受资金限制，会要求物流企业出资买设备等。物流业是个利润较薄的行业，物流企业无力支撑整个方案项目的建设，导致合作中止。

(2) 物流企业拿地用地受限，发展受阻

由于物流用地的产值不高，往往得不到政府重视。但是在国内国外双循环新格局进程中，物流、供应链是流通中非常重要的环节，其仓储、运输、配送等智慧程度的高低极大地影响着制造业的转型升级。而无人仓、自动化立库、机械臂、无人搬运车、货架等这些仓库、物流设施设备都需要较大的空间来系统规划。

3 江苏现代流通体系存在的问题及制约因素分析

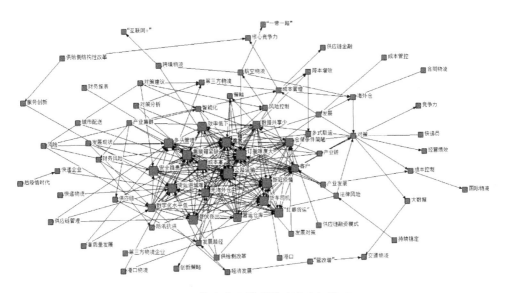

图 3.4 物流企业的质性访谈分析结果

(3) 物流企业社会地位不高,在国际上无话语权

尽管物流业是经济运行的动脉、神经网络,但目前国内物流产业、供应链产业在国际上影响力不够,海外建仓数量少且不成体系,没有国际级的物流企业巨头或是供应链企业巨头。多数企业订舱有难度,对集装箱的需求陡增,新冠疫情以来,已从"一船难求"变为"一箱难求"。受访的货车司机提出货车进城难,因多头管理、通行线路和时段受限多,致昼伏夜出,形成"红眼货运",成本高、效率低,存在严重的安全隐患。

(4) 供应链信息共享程度有限,阻碍数字经济发展

产业链、供应链的全链打通,甚至是整个流通体系的打通,需要节点数据的共享。但多数企业不愿向上下游共享数据,供应链信息流畅通受阻。链上各企业对数据共享意愿度受制度、诚信等因素影响。物流公共信息平台、供应链信息平台在规则制定、企业诚信度等方面还存在问题。

(5) 基础设施和技术装备较为落后

大部分物流企业的物流基础设施和装备条件与经济以及物流产业的发展要求相比仍然有较大的差距。江苏交通运输基础设施总体规模仍有待提升,物流集散和储运设施不够先进;各种物流设施及装备的技术水平和设施结构存在不合理问题,设施和装备的标准化程度较低,不能充分发挥现有物流设施的作用。

(6) 服务质量和管理水平不高

尽管已出现了一些专业化物流企业，但大部分物流企业的物流服务水平和效率还比较低。据数据调研显示，企业营运仓库平均利用率约为80%，仓储条件简陋。目前多数从事物流服务的企业只能简单地提供运输和仓储服务，而在流通加工、物流信息服务、库存管理、物流成本控制等增值服务方面，尤其在物流方案设计以及全程物流服务等更高层次的服务方面还没有全面展开。另外，物流企业经营管理水平较低，多数从事物流服务的企业缺乏必要的服务规范和内部管理规程，经营管理粗放，很难提供规范化的物流服务。

(7) 物流金融发展水平较低

物流金融是金融机构与物流企业面向中小型企业提供的一种资金融通的方式，是物流与金融联动结合的创新，参考欧美发达国家的行业发展经历，物流金融的发展可以有效地缓解中小企业融资难的问题。目前江苏物流企业很少参与物流金融业务，且金融机构与物流企业对发展物流金融业务的态度并不积极。江苏物流金融发展呈现如下问题：①结构两极分化。其中国有大型控股物流企业较早地参与了物流金融，而民营中小企业参与度较低。在银行方面，股份制商业银行较早地布局了物流金融，而国有银行起步较晚。中小型物流企业本身资源限制、风控能力不足导致其发展后力不足，其发展业务基本上以货物运输为主，很难再去开发物流金融业务。②相关法律机制不够完善。物流金融具有新兴产业的特征，在我国尚缺乏专门的法律法规进行规范约束，此外，现有的涉及物流的法律法规牵涉的法律层级太多，容易出现冲突与不协调等现象，法律体系的不完善会导致一些不规范现象出现，严重打击物流金融的积极发展。③行业复合型人才缺乏。物流金融是物流行业与金融行业的融合，是一项综合性服务。在当前的金融行业中，金融机构从业者缺乏专业的物流知识，而物流企业与融资企业的从业者又缺乏一定的金融知识。总体来看，物流金融行业当前所需要的复合型人才缺口较大。

3.1.4 农村电商发展南北不一，农产品品牌竞争力不强

(1) 特色农产品培育已初见雏形，但竞争力偏弱

江苏已打造了一大批特色农产品品牌，如沭阳花木、宜兴红茶、阳山水蜜桃、阳澄湖大闸蟹、句容葡萄等，但南北差异较大，特色农产品培育短板不尽相同，一是苏北部分地区已经初步形成了产业聚集，但大部分地区特色农产品培育短板

明显,主要面临着品牌意识不强、品牌建设规划不足、品牌影响力不高等问题;二是苏中地区地方政府对特色农产品品牌建设投入力度大,注重品牌打造,但也面临着品牌仍处于价值链中低端、创新力度不足、品牌建设缺乏系统性,迫切需要进行产业链延伸等问题;三是苏南地区品牌意识较强,政府投入力度大,品牌建设成效显著,但也面临着以下问题:品牌老化现象严重、高端品牌建设不到位、属地品牌保护体系和监管不完善等。

(2) 农村物流基础设施较落后,尤其是冷链物流

江苏物流基础设施建设近几年取得了巨大成就,基本实现了建制镇的快递覆盖,县乡村三级邮政物流配送体系建设成效明显,但冷链物流建设普遍落后,南北地区物流服务存在着明显差异。一是苏北农村物流主要依赖政府补贴,处在各快递公司低价竞争的市场瓜分阶段,整体滞后,普遍面临着物流基础设施不健全、县乡村三级流通体系不完善、冷链物流服务缺失和无序低价竞争等问题,严重影响农民增收致富和电商高质量发展;二是苏中地区农村物流基础设施建设相对完善,物流交通相对便捷,但普遍存在物流时效性低、服务水平不高、"交邮融合"成效不明显等问题,制约了苏中农村电商的高质量发展;三是苏南地区农村物流基础设施建设比较完备,有力保障了农村电商的快速发展,但也面临着冷链基础设施缺失、物流成本高等问题,迫切需要加快物流业降本增效,实现与电子商务的协同发展。

(3) 苏南、苏中、苏北经营主体发展参差不齐,存在问题不一

江苏农村经营主体近几年在专项培训和能力建设上取得了一定的成绩,但南北地区差距明显,各地区需求层次不尽相同,一是苏北地区农村电商经营主体相对较弱,主要面临着农户电商意识薄弱、"等、靠、要"思想严重、运营能力偏低、组织化程度低、各地新型经营主体培育力度参差不齐、政府的服务支持和培训普遍不到位等问题;二是苏中地区已经形成了品牌和产业聚集,电商产业园孵化和大学生返乡创业成效显著,但是还面临着电商技术技能培训不到位、合作社发展水平参差不齐、整体运营能力有待提升等问题;三是苏南地区经营主体多元化,能力普遍较高,专业化和社会化程度较高,但面临着经营主体创新能力不强、风险保障不足、复合型人才紧缺等问题,在一定程度上制约了农村电商的高质量发展。

(4) 苏南、苏中、苏北电商运营和推广支持力度不一,面临困难与挑战不同

江苏农村各地区政府在电商运营和推广方面的支持力度各不相同,面临的

困难和挑战也不太一样。一是苏北地区的电商运营与推广不成体系、电商运营成本普遍较高、免费流量获取困难、产品同质化严重、行业标准缺失、电商运营监管不到位;二是苏中地区农村电商初步形成了线上线下结合的经营模式,但也面临着电商运营成本较高、冷链服务普遍缺失、物流成本居高不下、同质化低价竞争现象严重等问题;三是苏南地区已经形成了线上线下融合发展的模式,公共服务平台和推广建设也相对完善,不过也同样面临着电商运营成本高和流量获取难的问题,此外地方政府对地域产品文化推广力度还不足,数字化转型升级也有待加快推进。

3.1.5 外贸企业成本急速增长,产业链供应链优化困难

据海关总署统计,2021年前8个月我国进出口总额24.78万亿元,比2020年同期增长23.7%,比2019年同期增长22.8%。民营企业增速较快,展示出较为强劲的市场主体活力。但是全球疫情仍在不断演变,外部环境更趋复杂严峻,根据调研情况,归纳总结如下问题:

(1) 外贸运输困难,影响外贸企业发展

根据调研显示外贸企业主要以海运为主,包含多个港口,以宁波港为例,它是中国仅次于上海港的第二大港口。2020年全年,宁波港的集装箱吞吐量达到2 705万标箱,货物吞吐量达到6.01亿吨。2021年上半年,宁波港的出口货值超过3 300亿元,比去年同期增长了52%。但也存在较大的问题,一是集装箱利用率不高,很多运输到国外的货船由于受到疫情影响,无法短时间完成卸货,导致大量的集装箱和货物在港口积压,同时国内的物资及进口需求远远低于出口,没有那么多货运往国内,满载而去的船,只能空船返回中国或运一些散货原材料回中国,直接导致有海运需求的企业,联系不到货船,一般一个月3次以上的海运周期被无限延长;二是集装箱不够,"一箱难求"等问题直接导致集装箱成本大幅度增加,增加了中小型外贸企业成本压力。

(2) 制造业原材料价格上涨,中小型制造企业成本压力较大

随着基础设施建设发展需求,全球制造企业对原材料需求逐年增加,其中对铁矿石、钢材等的需求大幅增加。根据海关总署公布的数据,2021年前7个月,中国进口铁矿砂6.49亿吨,进口均价每吨1 116.1元,比去年同期上涨了约69.5%;原油进口均价每吨2 963.7元,比去年同期上涨了26.8%。

(3) 外资贸易制造企业转型问题

对于外资外贸企业定位大多为制造业,如德国企业不允许旗下国内全资制

造子公司发展除制造之外的其他产业,无法紧跟当前多产业聚集形成的新型生产性服务业的市场时代。

(4) 外贸生产性服务业发展较慢,存在问题较多

物流及相关生产性服务业企业,在商贸流通过程中,需要用到仓储用地,但由于没有政策支持,仓储用地的购置成本较高,如江苏飞力达国际物流股份有限公司已经完成了生产性服务业转型,可以为制造企业提供流通过程一站式服务,但用地成本问题一直阻碍企业发展。当前商贸流通生产性服务业主要涉及批发与贸易经纪代理服务(贸易),电子商务支持服务(电子商务),货物运输、通用航空生产、仓储和邮政快递服务(物流)三部分,但以上产业均属于"互联网+"的新型产业,产业的法律法规及相关政策不完善,导致了市场监督力度较小,新兴市场存在恶意竞争。随着"互联网+"出现,数字化平台对于生产性服务业的影响较大,随着平台化、数字化发展,江苏省部分制造业已经向生产性服务业转型或与商贸流通企业进行深度合作,提高企业在信息、货物、产品推广流通中的竞争力。品牌和质量是生产性服务企业在市场竞争中的核心要素之一,关系到企业信誉及形象。江苏省生产性服务业在发展过程中存在两个问题:一是自主品牌意识较弱,大部分生产性服务业只负责服务生产或代理外包等,并没有将品牌融入企业发展中去,未规划和思考行业标准、产品质量、服务水平、品牌形象等问题;二是客户对于生产性服务业的认知偏差,认为国外生产性服务品牌国际口碑较好,往往会在选择上偏向国外。

(5) 江苏省苏北地区跨境电商发展较为缓慢,地方特色产业与跨境电商衔接不完善

在跨境电商方面,苏北地区特色产业受产品限制,未考虑规划跨境电商,例如沭阳县绿植,因产品特殊性依旧发展国内电商,但苏南及苏中地区利用制造业加工技术优势将产品进行深加工,并出售至海外,其中昆山保税区多家企业均有跨境电商销售。如黄桥电子商务产业园已经打造成为省级电商产业园,当前对于国内电商企业扶持已经有着完善的政策体系,主要是在税收减免,如企业入驻第三年达到500万元销售规模,在税收等方面均有减免,入驻企业三年内免场地租赁费用。未来将引入跨境电商企业,以本地小提琴、叉车等制造企业为基础,商贸流通企业为载体,形成较为优质的江苏省中部流通体系。省政府需要支持外贸及生产性服务产业深度合作,提供资金、政策、人才支持,让企业可以合理利用跨境电商平台渠道优势,从而提高数字化商贸流通水平。

(6) 江苏省各地区商贸流通环境差异较大,对于商贸流通企业数字化转型有一定影响

江苏省商贸流通产业中数字化、智能化未普及,设备及人工高投入成本较高。受技术成本限制,无法形成规模化,但已有不少流通制造企业开始尝试,江苏苏南地区大多数制造企业已经完成数字化中制造流程化转型升级,政府需要搭建政、校、企合作平台,通过江苏省交通运输厅、教育厅、科学技术厅、商务厅、人社厅等多部门协同为商贸流通企业提供前沿的数字化、智能化技术及高技术人才输送。江苏省苏南、苏中、苏北地区商贸流通相关基础设施建设差异较大,苏北地区部分自然村仍未完成物流"最后一公里"的普及,但如苏中地区南通市海门区通过政府财政拨款1 200万元/年,共两年,成立海顺快递平台,由国家控股,建立快递驿站,已完成覆盖2 000个行政村及下属自然村。政府需要在物流"最后一公里"加大投入力度,完成数字化流通业基础设施建设,并以地方政府为主导构建统一的智慧物流平台,构建如常州政成物流聚合物流网络平台,实现制造业与流通业信息互通,当前问题是信息互通、互联没有办法实现,较多制造企业不愿意共享信息(特别是核心信息),无法实现深度信息互通,需要政府组织介入并提供资金及场地等政策支持。

(7) 江苏省数字化人才短缺流失问题

江苏省数字化人才均去了大型企业,但江苏省流通业中大多均为中小型企业,其对于人才需求量大,但苦于规模较小,特别是物流企业比较辛苦,比较难引入掌握数字化技术的人才。需要政府、高校、企业合作,如昆山保税区由地方政府牵头,帮助企业与高校签订订单班,高校为学生提供企业实践机会,政府负责解决学生资金、住宿、人事档案调动等问题;高校负责培养与输送人才,其中包括与企业的校企合作、产教融合;企业负责提供实训、工作等岗位及工资。

3.2 制约江苏现代流通体系发展的关键性因素

3.2.1 基础设施网络能力不强大

流通领域中的基础设施网络建设是制约江苏现代流通体系发展的重要因素。经过"十三五"期间流通通道及场站的发展,江苏干线航道网主骨架已形成、综合交通运输体系不断完善、运输服务能力不断提高。但是与交通强省、流通产

业高质量发展等宏伟目标相比,仍有较大差距。目前江苏的流通基础设施网络不能支撑未来长远发展,主要表现在:

(1) 省内流通基础设施网络

从整体看,若干通道存在断点,通道之间协同性弱,不同通道系统等级划分及定位布局仍需完善,铁路及机场密度有待提高,枢纽场站的设施设备先进性、一体化亟待提升等。从区域发展看,苏北流通基础设施网络建设落后于苏南,尤其是在农村。苏北农村人口分布较分散,交通受阻,物流基础设施投资成本高,不便于管理,既加大了配送成本,也降低了运输效率,大多数物流公司考虑到运营成本问题,对发展农村地区的流通基础设施建设持不积极的态度,从而限制了农村物流基础设施完善。调研发现,虽然末端配送已经覆盖到行政村,但是针对自然村消费者的末端配送"最后一公里"问题仍然没有解决,而江苏农村人口密集,自然村的消费者人数众多,农村末端配送是整个农村物流运作的最后一个环节,其配送服务质量的高低会影响农民的购物体验,也会影响农民对农村电商物流服务的满意度。造成这一问题的原因有三:一是农村乡镇物流配送中转站点建设不足;二是村级电商服务网点没有全面覆盖到每一个自然村,功能受限,不能充分发挥作用;三是末端配送成本较大,大多数物流企业不愿意加大农村物流网点及物流基础设施的投入,导致末端配送困难,迫切需要构建城乡一体化物流服务体系,有效解决末端配送"最后一公里"问题。

(2) 国际流通网络

江苏已布局海运航线、空运航线、中欧班列等国际通道,从 2021 年外贸业务情况来看,出口大于进口。在货物运输中,大型外贸企业主要需要与较大体量的船商合作,根据调研显示江苏的外贸主要以海运为主,2021 年多个港口受到海外疫情影响,出口的货物在国外港口无法卸货,进口的货物较少,这种逆差导致集装箱和船运成本增加。铁运中选取中欧班列的企业较多,但运输体量有限,使外贸企业往往订不到班列。同时,江苏物流企业的国际地位仍处于弱势,海外仓的战略布局发展滞缓,影响国际物流业务的发展速度。

3.2.2 流通体系机制体制不健全

机制体制是制约江苏现代流通体系发展的又一重要因素。从实地访谈来看,仍存在流通领域制度规范和标准不一、法治不健全、治理体系和治理能力现代化水平不高等问题,表现在:

(1) 环保标准

随着生态建设的大力推进,国家出台了一系列水环境保护、大气环境保护、土壤环境保护、环境噪声与振动等标准。这些标准的出台从一定程度上加大了企业成本,尤其对于中小企业来说,压缩了利润空间。

(2) 治理体系及治理能力

一是在流通治理体系中,仍存在"九龙治水"问题,跨部门协调较难,无法形成合力。在打造地方品牌特色时,虽然跨区域企业聚集在一起,管理部门也进行了合并,但是在实际管理时,仍旧各归各,沟通较少。二是部分地方政府产业整体规划意识薄弱,公共服务能力欠缺,在品牌建设、文化推广、知识产权保护和标准化建设等诸多方面配套政策不到位,政府分类引导不够,导致部分地区同质化竞争严重。三是属地品牌保护意识和配套措施缺乏,高品质产品服务和质量不稳定,严重影响了品牌形象和竞争力。四是惩罚力度不够,不法商贩违法成本较低,严重影响了市场的运行环境。五是经营主体培育力度欠缺,缺少知名企业平台,"夫妻店"等家庭作坊式经营模式普遍存在规模小、管理不规范,与现代化企业的要求相去甚远。

(3) 外贸政策

对于外贸企业来说,还受制于不同国家的外贸政策,如关税、技术性贸易壁垒、绿色贸易壁垒等。2018年,美方发布了多条针对中国商品征收反倾销关税的条款,这样使得包括江苏在内的外向型企业在美国市场的出口成本大大增加。实行技术性贸易壁垒是一些国家,尤其是发达国家推行贸易保护主义的最有效手段。技术性贸易壁垒涉及外贸各领域,如农产品、机电、纺织、家电、化工医药等,包括它们的初级产品、中间产品和制成品,涉及加工、包装、运输和储存等环节,许多国家对我国技术及知识产权进行限制,部分外向型企业无法达到发达国家的标准,发达国家凭借自身领先的高新技术产业,在核心技术和OEM(俗称"代工")市场上对中国相关企业进行打压。除此之外还有绿色贸易壁垒也是在国际贸易活动中,进口国以保护自然资源为由,直接或间接采取的限制甚至禁止贸易措施,我国近七成的机电出口产品屡遭欧盟环保双标指令(ROHS指令和WEEE指令)调查,由此导致2019年江苏机电产品出口同比增长率为－4.5%,出口比例严重下滑。

3.2.3 全要素信息共享程度不够

目前,虽然很多企业建立了自己的供应链,但仍存在着上下游信息不对称、

"牛鞭效应"。信息流不畅是制约流通体系发展的又一因素。主要表现在:

(1) 流通网络联通性不够

各地区各自为政,政府之间、企业之间、通道之间并未进行有效的沟通和联合。如各货运代理公司都有自己的平台,但不互相共享。每家货运代理公司与二级仓的仓管系统单独对接,仓管系统不对外开放,形成一个个系统孤岛。对于外贸企业来说,虽然政府当前努力推动制造业、外贸企业、物流企业等进行联合并打造全产业供应链平台,以此形成聚集效应,但外资企业控股权在国外,平台信息共享存在较大障碍。

(2) 农村地区信息共享受阻

部分农村地区消费观念尚未更新,大部分仍是线下交易,对新兴的线上交易模式接触较少,加上农村地区网络的普及率较城市地区低,老年群体基数大。这类人群多数不会网购,对线上交易模式的安全性持怀疑态度,接受度低,从而限制了农村流通体系的完善。同时,缺乏专业人员以及最新信息的指导,致使农民无法及时掌握市场动向,了解消费者的消费需求,导致定价难,不能有效进入相关市场进行农产品交易,形成买方市场,经常发生"谷贱伤农"的现象;另外由于搜寻信息成本过高,而农村农产品生产规模小、分散、未形成品牌效应,大多数农村商户不愿意投入成本去搜寻信息,从而导致农产品信息不对称。例如农民通过劳作生产出农产品,这一点使得他们比销售农产品的商家以及购买农产品的消费者可以掌握更多关于农产品生产过程即隐匿于产品内部的质量信息,相反,农产品经营者和消费者只能通过观察农产品的颜色、形状、气味等对农产品进行判断,这就使得农产品经营者、消费者以及生产者这三者之间形成了信息不对称,可能对高质量的产品定了低价,而对部分低质量的产品定了高价,使得在农村电商平台购买产品的消费者对产品不满意,减少使用农村电商平台,导致其发展缓慢;另一方面,由于没有对市场信息进行及时对接,农产品生产者不了解市场行情。产品经营者占据优势,他们能够及时了解市场竞争环境下的有关动态,及时定价,可能造成一种低价收购,高价售出的局面,自己获得高收益而在一定程度上损害了农产品生产者的利益,迫切需要政府建立相应的信息平台,帮助农产品生产者共享信息,整合资源,引导市场良性发展。

3.2.4 企业合作信任机制不完善

信任是双方交易成功的重要因素,起着降低交易费用、节省交易成本的作用。《中华人民共和国民法典》(第三编合同)、《关于建立完善守信联合激励和失信联合惩戒制度 加快推进社会诚信建设的指导意见》《国务院关于印发社会信用体系建设规划纲要(2014—2020年)的通知》等法律法规、国家企业信用信息公示系统等,都在推进行业信用建设、地方信用建设和信用服务市场发展,以增强全社会诚信意识、提高信用水平、改善经济社会运行环境。

但是目前,批发零售、商贸物流、住宿餐饮及居民服务行业信用建设还不够完善,企业信用分类管理还未健全,大企业垄断行为时有发生,市场混淆行为、虚假宣传、商业欺诈、商业诋毁、商业贿赂等违法行为仍存在,制造企业与物流企业之间的合同纠纷案、企业与员工之间保障的失信等成为制约江苏现代流通体系发展的又一重要因素。

3.2.5 技能与研发人才极度缺乏

人才短缺是限制江苏现代流通体系发展的又一重要因素。据调研数据显示,59.82%的企业表示缺技术工人,54.06%的企业表示缺研发人员。企业普遍反映的招工难,主要针对技能型人才,不仅数量上难以满足,即使满足了,平均年龄也偏大,且在专业对口上也存在问题。目前,虽然在一些仓储、港口码头等企业中,部分工作已采用"机器换人",但企业用工需求并未降低,只是用工需求从一线普工转为自动化设备操作和维修人员,企业所需的技能型人才异常短缺。

在江苏农村,大学生返乡率还比较低,原因包括:一是物流专业人才缺乏,江苏农村地区,尤其是苏北地区物流专业人才缺乏,待遇低,物流服务质量低,专业培训缺失,多数农村地区物流站点人员缺乏专业的知识培训;二是电商专业人才缺乏,江苏农村地区,尤其是苏北地区的农村人口流向城镇,使得农村原本的优良劳动力和优秀人才逐渐流失,大学生大部分在毕业后选择留在城市工作,导致农村后备人才储备不足,尤其是县级电商平台对专业人才的需求极大,农村电商一线设计生产、物流、销售、信息技术等人才严重不足。

4 国内外现代流通体系建设的成功经验

4.1 湾区经济概述

湾区经济是全球化及区域一体化的产物,因经济活动的高度集聚及全要素流动的高效率,使湾区内的核心城市上升至世界级大都市,成为全球制造中心或是金融中心或是创新中心或是航运中心等。2014年起,我国学者开始关注湾区经济这一新型经济形态。2017年7月1日,习近平出席《深化粤港澳合作 推进大湾区建设框架协议》签署仪式,至此我国开始湾区经济实践探索。学术界也对湾区的研究产生极大的兴趣,研究世界湾区的发展历程与特点、湾区的理论基础及我国湾区发展路径、粤港澳大湾区发展等问题。何诚颖等对美国纽约湾区、旧金山湾区、日本东京湾区等世界级湾区在土地面积、地区生产总值、产业结构比重、企业创新优势、金融产业基础、教育人才资源等方面进行横向比较,发现:包容开放的经济、良好的产业结构、高效的资源配置、卓越的创新能力、良好的金融环境、高素质的人才是国际湾区经济建设的共同特征。李政道建立了基于系统耦合和全要素耦合的粤港澳大湾区海陆经济一体化模型,从空间布局、产业体系、创新驱动、生态文明和公共服务五个方面提出实施措施。黄凌波建立了全面的区域港口与群内港口竞合关系研究模型和竞合关系作用下的港口规模发展模型,并基于模型对粤港澳大湾区港口群展开实证研究。韩炜以产业集聚为理论基础,认为粤港澳大湾区存在整体制度不顺、分工协作不明等问题。梁春树等基于区域协同理论,提出了基础设施数字化、物流资源智慧化、电商平台生态化和行政服务一体化等流通要素整合策略,推动粤港澳大湾区流通一体化发展。

国际上,湾区经济还不是一个相对独立的研究领域。以湾区为关键词的英文文献几乎没有,文献更多是从城市、都市圈(区)和全球城市的视角关注湾区(如纽约、东京、旧金山)的经济发展状况。Arai等通过研究认为第二次世界大战后东京湾区经济发展形态演变可概括为"绿环带+新城""一极集中"和"多心多核"三个阶段。Shinohara等分析了日本港口包括东京湾港口的治理与合作,涉及港口之间的协调、角色共享、一体化等问题。Schafran 等深入分析了旧金山湾区的结构转型问题。Walker 分析了 1850—1940 年间旧金山湾区制造业的郊区化发展历程。Cervero 等讨论了旧金山湾区的多中心化、分中心化、职住平衡和上下班通勤等问题。Goldstein 较早讨论了纽约-新泽西港务局的创立过程、组织与金融结构、公众控制方式等。Doig 分析了纽约-新泽西港务局历史演进过程、政治运作和开拓精神,及在多年运行中遇到的专业化、政治和技术变化等方面的难题,揭示了政治、技术等因素对美国经济的巨大影响。

自湾区概念提出以来,湾区已越来越被认为是重要的经济空间形态、对内对外联通的高地。目前,公认的世界级湾区包括纽约湾区、旧金山湾区、东京湾区、粤港澳大湾区等。它们具有开放多元的外向型经济结构、全球城市网络核心节点、高效的资源配置能力等特征,不断强化创新引领和基础设施的互联互通,以发挥经济集聚与辐射功能,成为支撑全球和区域经济增长、产业转型与升级、科技研发创新等的核心地区。总结这些湾区的经验做法,将促进我国新发展格局的快速形成。

4.2 国外案例综合横向分析

4.2.1 世界三大湾区的要素特征

湾区,相较于其他经济区域,有其特殊的地理位置。它邻近海洋,是由一个及以上的海湾、港湾及周边岛屿组成的区域。利用这种特殊的地理位置,充分发挥港口与外界的纽带作用,可以形成一种独特的经济形态。世界三大湾区纽约湾区、旧金山湾区、东京湾区各具特色,如纽约湾区是典型的金融湾区,旧金山湾区是典型的科技湾区,而东京湾区是典型的产业湾区。不管三大湾区有何特色,但它们的全要素生产率相当高,资源配置能力相当强,创新能力相当突出,开放程度相当大。比较三大湾区,发现它们有如下共性:

(1) 建有发达的综合立体交通体系

① 纽约湾区

纽约湾区是由 25 个县组成,包括纽约州的 12 个县、新泽西州的 12 个县和宾夕法尼亚州的 1 个县。自 19 世纪初伊利运河的开通,纽约湾在美国东海岸的地位显得十分特殊,成为东海岸唯一连接内河港的海港。相较于美国西海岸,它距离欧洲更近,具备时间优势。在湾区内部道路建设方面,建有12条南北主干道、155条正交十字路,道路网络纵横交错,四通八达。湾区内的机场数量众多,包括民航运输机场9个、商务机场3个、通航机场16个,共28个机场,形成了不同定位层次的机场群。其中,主要的机场包括肯尼迪国际机场、纽瓦克自由国际机场、拉瓜迪亚国际机场等。在铁路方面,有长岛铁路系统、新泽西运输系统以及纽约大都会区北线铁路系统。可以看出,纽约湾区具有强大的综合交通网络。

② 旧金山湾区

旧金山湾区最主要的城市包括旧金山半岛上的旧金山、东部的奥克兰以及南部的圣荷塞等。旧金山湾区的交通网络也十分发达。湾区内有多个港口,比较大的港口包括里士满港口、奥克兰港口、旧金山港口、红杉市港口。陆上交通,高速公路系统主要为州际公路系统、加州州道系统及101号美国国道;桥梁有著名的旧金山-奥克兰海湾大桥、金门大桥,旧金山-奥克兰海湾大桥连接了旧金山市、奥克兰及耶尔巴布埃纳岛,金门大桥连接了北湾的马林郡和旧金山,极大地缩短了出行时间;此外还有旧金山城市铁路、捷运系统。空中交通,包括旧金山国际机场、奥克兰国际机场、圣荷塞国际机场,其中旧金山国际机场是最重要的机场。

③ 东京湾区

东京湾区是由东京都、琦玉县、千叶县和神奈川县组成的"一都三县"区域。在东京湾区,政府非常重视港口建设,打造了东京港、川崎港、横滨港、千叶港、横须贺港和木更津港六大港口,并把它们作为流通体系发展的核心,连接起海运通道与陆运通道,承担了湾区的经济重担,造就了湾区的繁荣。每个港口职能不同,如表4.1所示。

表4.1 东京湾六大港口的职能

港口	基础条件	职能
东京港	依托东京,日本最大的经济、金融、交通中心	输入型港口、商品进出口港、内贸港、集装箱港
川崎港	与东京港和横滨港首尾相连,多为企业专用码头	原料进口与成品输出
横滨港	京滨工业区的重要组成部分,以重化工业、机械为主	国际贸易港、工业品输出港、集装箱货物集散港

(续表)

港口	基础条件	职能
千叶港	京叶工业区的重要组成部分,日本的重化工业基地之一	能源输入港、工业港
横须贺港	主要为军事港口,少部分服务当地企业	军事港口兼贸易
木更津港	以服务境内的君津钢铁厂为主,旅游资源丰富	地方商港和旅游港

这六大港口作为海运与陆运的交会点,又与羽田、成田两大国际机场、高速公路、地铁轨道交通构成水陆空综合立体交通体系。高速公路系统主要由4条环状道路和9条放射状道路组成。4条环状道路由里往外分别是首都高速都心环状线、首都高速道路中央环状线、东京外围环状道路(外环)、首都圈中央联络公路(圈央道)。地铁轨道交通系统由以东京站为中心向外辐射的东京铁路、近郊地铁及市郊铁路等构成。

综上,不论是纽约湾区,还是旧金山湾区、东京湾区,它们都通过港口、机场等场站把水路、公路、铁路、航线这些通道进行有机连接,形成便捷、高效的综合交通运输体系,支撑着湾区社会经济的快速发展。

(2) 具备强有力的人口集聚效应

① 纽约湾区

根据2016年7月美国人口普查局数据,纽约湾区总人口约为2 015.4万人,人口密度达到1 158人/平方公里①。据空港经济协同创新研究中心(广东省社会科学联合会社会科学研究基地)的人口增长率折线图反映,纽约湾区人口增长速度正逐步趋缓,但是纽约湾区的核心区仍具有较强的人口吸引力,显示出人口集聚效应。

② 旧金山湾区

旧金山湾区是美国西海岸第二大都会区,人口超过760万。湾区中,旧金山一直是人口主要聚集地,城市人口密度在美国仅次于纽约;而北湾的人口密度较小,因与湾区其他地方无陆地相连。

③ 东京湾区

第二次世界大战后,东京湾区经济发展迅速,提供了大量的就业机会,吸引

---

① 数据来源:美国湾区经济发展分析:纽约湾区,空港经济协同创新研究中心。

了大批劳动者迁移,加速人口集聚,形成人口红利。据东京都统计局数据显示,1945—1960年东京地区人口几乎每5年增长200万人,此后增长速率放缓,时至今日,仍旧是呈上升趋势。日本约1/3的人口都聚集在东京湾区。

(3) 拥有丰富且高质量的教育资源

① 纽约湾区

纽约湾区教育资源十分丰富,汇聚了许多名声显赫的大学,包括新泽西州的普林斯顿大学,康涅狄格州的耶鲁大学,纽约州的哥伦比亚大学、纽约大学、洛克菲勒大学、罗格斯大学、纽约理工学院和福特汉姆大学等。其中,新泽西州的普林斯顿大学、康涅狄格州的耶鲁大学、纽约州的哥伦比亚大学,排名均位于世界百强前十五。

② 旧金山湾区

旧金山湾区内建有5个世界级的研究型大学,包括斯坦福大学、加州大学伯克利分校,以及加州大学戴维斯分校、加州大学旧金山分校、加州大学圣克鲁兹分校;拥有5个国家级研究实验室,分别是劳伦斯伯克利国家实验室、劳伦斯利弗莫尔国家实验室、航空航天局艾姆斯(Ames)研究中心、农业部西部地区研究中心、斯坦福直线加速器中心。

③ 东京湾区

东京湾区拥有东京大学、早稻田大学、东京都市大学、横滨国立大学、庆应义塾大学等120多所大学,占日本大学总量的20%以上。湾区内还拥有仅次于硅谷的世界第二大高科技基地、日本科教中心筑波科学城。

(4) 形成国际知名的产业群落

① 纽约湾区

2019年《财富》杂志发布的世界500强榜单中,纽约湾区有22家上榜企业,其中14家企业属于金融保险类。包括赫赫有名的摩根大通、花旗、高盛以及摩根士丹利。许多金融巨头把总部设在纽约,强化了湾区对金融企业的集聚效应,形成了众所周知的金融中心——华尔街。世界上最大的两所股票交易所,即纽约证券交易所和纳斯达克证券交易所,以及其他交易所,像纽约商品交易所、纽约贸易委员会等金融交易所的总部都坐落于华尔街。

纽约湾区曼哈顿中心区的硅巷,与硅谷、波士顿一并被视为美国三大科技中心。硅巷中有IBM Watson、R3、DoubleClick、E-Trade、Oscar Health等著名企业,形成了一系列互联网、数码、软件开发、游戏设计、新媒体以及金融科技等信息技术产业。

纽约湾区内有较为完整的创业生态链系统,风险投资氛围十分浓厚,吸引着高新技术初创公司和人才聚集,推动着湾区的创新创业进程。根据美国风险投资协会数据统计,纽约湾区的投资总价值约占全国风险投资总额的10%。

② 旧金山湾区

旧金山湾区规模在美国城市群落中居第五位,主要产业是信息产业、医疗保健业、科技服务业、金融保险业、制造业、批发零售业、房地产业。2019年《财富》杂志发布的世界500强榜单中,旧金山湾区有11家企业上榜,其中有8家企业属于计算机与互联网产业,包括苹果、英特尔、惠普等,产业特点鲜明。

③ 东京湾区

东京湾区是日本重要的金融、贸易以及工业中心,形成了高端制造业和高附加值型服务业并举的产业结构。2019年《财富》杂志发布的世界500强榜单中,东京湾区有39家企业上榜,在这些企业中,制造企业与金融企业数量相当。东京湾区在发展过程中,已形成了两大工业地带,一个是京滨工业地带,另一个是京叶工业地带。京滨工业地带有汽车、造船、石油等产业,入驻了200多家知名大型企业;京叶工业地带涉及钢铁、炼油、石化基地等。同时,以信息技术、知识密集型产业为主的服务业已成为东京湾区的核心竞争行业。

(5) 具有多元包容开放的文化环境

① 纽约湾区

纽约作为世界金融的核心中枢,吸引着大批人才、劳动力迁移,是移民之城。移民文化背景呈多元化特点,纽约湾区给予了包容,营造了开放的氛围。纽约还是传媒之城,拥有全美三大广播网,还拥有《时代周刊》《华尔街日报》《纽约时报》《新闻周刊》等出版媒体,影响着全国的舆论。纽约湾区文化具有世界影响力。

② 旧金山湾区

旧金山湾区的跨国公司是个"民族大熔炉",形成了来自世界各地的多民族多元文化。高度开放的市场环境、包容的文化氛围是吸引外来人口的因素之一。这样包容多元的文化反过来又促进了湾区的进一步开放,激发与反哺湾区的创新发展。

③ 东京湾区

受土地面积、各类资源限制,东京湾区依托地理优势发展运输业,决定了东京湾区开放的特征。而东京湾区内跨国公司的经济活动直接证明了开放程度。

这些跨国公司有来自世界不同国家的人,多种文化共存于公司中。同时,东京有全国80%的出版社和国立博物馆、西洋美术馆、国立图书馆等,各类文化机构密集。

4.2.2 湾区经济的创新发展路径

纵观世界三大湾区,其经济的发展是从港口开始的,湾区经济的发展大致可以分为港口经济、工业经济、服务经济、创新经济四个阶段,如图4.1所示。

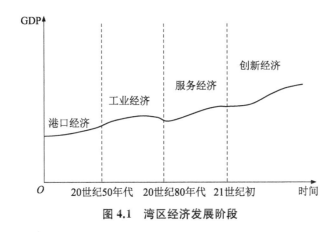

图 4.1 湾区经济发展阶段

(1) 港口经济

在20世纪50年代以前,外贸经济的发展主要依托港口进行货物中转运输,并以港口为核心,带动港口的装卸、仓储、运输和修理等服务业务,并向外辐射,但辐射范围有限,经济形式较为单一,对城市经济发展的推动和带动作用并不明显。

(2) 工业经济

20世纪50年代到20世纪80年代,港口功能和地位进一步提升,大量工厂在港口附近创办,形成了临港工业的快速集聚。如1960年,纽约形成了以制糖业、服装业等为主要支柱的产业格局,制造业产值已跃至美国第一,成为美国制造业中心。再如,东京湾区沿岸重点发展石油、石化、钢铁、造船等临海型工业带,为日本贡献了近60%的工业产值。

(3) 服务经济

20世纪80年代到21世纪初,快速发展的工业已逐步显露弊端,能源大量消耗、污染问题突出,传统工业开始转移和外溢,金融、法律、保险、传媒等现代服务业开始集聚发展,产业结构发生较大变化,由制造业向服务业转变。如1975年,纽约发生了财政危机。之后,第三产业(个人服务业、生产服务业、社会服务业)在纽约迅速崛起,经济结构由以制造业为主向服务业为主进行转型,再次拉动了经济发展。

(4) 创新经济

21世纪后,信息技术、互联网技术的迅猛发展,诸如计算机、通信、互联网、新能源、生物医药等多个新型产业异军突起,一批以苹果、谷歌公司为代表的高新科技企业快速崛起。依托湾区内金融力量及教育的支持,湾区以科技创新中心为着眼点,在全球范围内充分发挥创新资源的配置功能、要素集聚功能、策源地功能,积极抢占新型产业发展的制高点,引领全球创新经济的发展。如纽约湾区,在金融服务与风险投资机构支持下,纽约湾区逐渐成为美国和国际大型创新公司总部的集中地。同时,在纽约湾区内,有哥伦比亚大学和纽约大学两所顶尖名校,另有58所大学也聚集于此。大学与企业间密切联系,通过一系列孵化器、科研机构等组织模式,形成利于科研成果转化的产学研创新机制,一方面将大学的科技创新成果直接转化,另一方面促进了高新技术企业的成长。

4.3 国内案例个体纵向分析

4.3.1 粤港澳大湾区

粤港澳大湾区,包括香港特别行政区、澳门特别行政区和广东省广州市、深圳市、珠海市、佛山市、惠州市、东莞市、中山市、江门市、肇庆市(称为珠三角九市),总面积5.6万平方公里(如图4.2所示),是中国开放程度最高、经济活力最强的区域之一,在国家发展大局中具有重要战略地位。建设粤港澳大湾区,既是新时代推动形成全面开放新格局的新尝试,也是推动"一国两制"事业发展的新实践[①]。

在《粤港澳大湾区发展规划纲要》中,对其的战略定位是:建设充满活力的世界级城市群、具有全球影响力的国际科技创新中心、"一带一路"建设的重要支撑、内地与港澳深度合作示范区和宜居宜业宜游的优质生活圈。

---

① 中共中央国务院印发《粤港澳大湾区发展规划纲要》。

图 4.2 粤港澳大湾区

(1) 综合立体交通已基本实现

粤港澳大湾区目前已形成公路、铁路、水路、航空综合立体交通网络。在公路方面,里程已超 4 000 公里,核心区的路网密度超过了纽约湾区、旧金山湾区、东京湾区。在跨水域方面,建有虎门大桥、深圳湾大桥、黄埔大桥、港珠澳大桥、南沙大桥、深中通道,把隔水陆地连接起来。水路方面,已形成以西江干线和珠江三角洲"三纵三横三线"为骨架的江海直达、连通港澳的高等级航道网。铁路方面,建有广深港高速铁路、广惠城际铁路、深茂铁路、深汕高铁等。机场方面,建有广州白云国际机场、香港国际机场、深圳宝安国际机场、澳门国际机场、珠海金湾机场,正在加快基础设施升级,提升空运能力。此外,在 2018 年 4 月,广东省发改委启动《粤港澳大湾区城际铁路建设规划(2020—2030 年)》编制工作,粤港澳大湾区将打造"一小时城轨交通圈"。

(2) 人口集聚效应明显

随着《粤港澳大湾区发展规划纲要》的发布及实施,粤港澳大湾区建设步伐加快,人口集聚效应明显。如表 4.2 所示,2015 年年末大湾区常住人口为 6 669.92 万人,2018 年达到 7 115.98 万人,2019 年继续增长,达到 7 264.92 万人。其中,珠三角九市常住人口最多,约为大湾区人口总量的 89%,第二是香港,约为 10%,第三是澳门,约为 1%。从人口密度来看,澳门人口密度最大,第二是香港,第三是珠三角九市。

表 4.2　2015—2019 年粤港澳大湾区人口基本情况

年份	年末人口/万人				人口密度/(人/平方公里)		
	珠三角九市	香港	澳门	总值	珠三角九市	香港	澳门
2015 年	5 874.27	730.97	64.68	6 669.92	1 073	6 607	21 276
2016 年	5 998.49	737.71	64.49	6 800.69	1 095	6 668	21 144
2017 年	6 150.54	741.31	65.31	6 957.16	1 123	6 700	21 205
2018 年	6 300.99	748.25	66.74	7 115.98	1 150	6 763	21 669
2019 年	6 446.89	750.07	67.96	7 264.92	1 177	6 779	22 065

数据来源：中商情报网(http://www.askci.com)。

(3) 高等教育竞争力提升较快

粤港澳大湾区内有香港中文大学、香港大学、香港科技大学、香港城市大学、香港理工大学、香港浸会大学、澳门大学、澳门科技大学、中山大学、华南理工大学、暨南大学、广州大学、广东工业大学、深圳大学等高等院校，教育资源十分丰富。根据《世界大学第三方指数研究报告(2021)》，粤港澳大湾区有 20 所大学入选，其中 2 所大学为世界百强，6 所位居世界 200 强，在全球四大湾区(纽约湾区、旧金山湾区、东京湾区、粤港澳大湾区)中位居第 2 名。同时，报告指出广州大学、广东工业大学、深圳大学等几所广东高校进步较为明显。

(4) 制造业占比较大且在升级转型

据数据显示，2019 年粤港澳大湾区生产总值超过 11 万亿元人民币，约占全国 GDP 生产总值的 1/7。由华顿经济研究院编制的"2020 年中国百强城市排行榜"显示，珠三角的广州、深圳、佛山、东莞、惠州、中山、珠海等市均在百强之列。从产业结构看，香港、澳门主要以第三产业为主，在三大产业中比重占 92% 以上，无第一产业；珠三角地区第一产业占比约 2%、第二产业占比约 42%、第三产业占比约 56%。粤港澳大湾区各市具体优势产业如表 4.3 所示，产业结构较为全面，在智能制造、物联网等高新技术产业方面有较好的布局，传统制造业正从湾区核心地区向外逐步扩散。

表 4.3　粤港澳大湾区基础优势产业分布

城市	产业	具体产业
香港	金融业、服务业	仓储物流、金融、专业服务
澳门	服务业	博彩业、金融业、公共服务业

(续表)

城市	产业	具体产业
深圳	制造业、信息技术服务业、金融业	先进制造业、金融业、信息软件服务企业、交通运输业
广州	制造业、医疗健康	电子信息技术、生物医疗健康、汽车、金融业
东莞	制造业	电子信息技术、化工、纺织服装、造纸、食品饮料、玩具、家具、电气机械
珠海	信息技术服务业、制造业、医疗健康	电子信息技术、医药、新能源、海洋工程
中山	信息技术服务业、制造业	装备制造业、机器人
惠州	制造业、能源业	电子信息产业、石化产业
佛山	制造业	纺织服装业、食品饮料业、家具制造业、建筑材料、家用电力器具
江门	制造业	造纸、交通运输业、重卡和商用车产业、新材料、新能源及装备产业
肇庆	制造业	装备制造、新型电子产业等

资料来源：香港政府统计处、澳门统计暨普查局、珠三角各市统计局。

(5) 传统、舶来与红色革命文化于一体的人文环境

粤港澳大湾区的文化属于岭南文化的核心区域,包括广府文化、多元兼容并包的客家文化、潮汕文化等。广府文化主要体现在粤语体系、广府菜系、粤剧、粤曲、凉茶等。客家文化包括广州从化三村、东莞樟木头官仓古村、深圳的茂盛世居、塘厦龙背岭围、凤岗黄洞洪屋围等。潮汕文化最常见的是潮汕话、潮汕功夫、潮汕菜馆等。2019年9月,在深圳前海成立了中央广播电视总台粤港澳大湾区中心。该中心具备大湾区之声广播、电视新闻采集、新媒体平台、亚太中心站后方制作基地等功能。为贴近大湾区收听习惯,该中心以粤语播出为主,并设有客家话、潮汕话等方言节目。

大湾区的红色革命文化遗产也十分丰富,如广州起义烈士陵园、广州苏维埃政府旧址、中共三大会址纪念馆、广州农讲所旧址、深圳改革开放展览馆等。同时,在中外交流中,逐步形成了舶来文化,包括西方节日、西餐、教会教堂、好莱坞影视、高尔夫、网球等。此外,还存在着诸如圣母巡游、拉丁大巡游、港式茶餐厅等中西融合文化。总之,粤港澳大湾区文化资源十分丰富,呈现多元一

体化的人文特征。

4.3.2 环杭州湾大湾区

环杭州湾大湾区地处长三角地区(如图4.3所示),是中国经济增速最快、最具发展潜力、综合实力最强的经济板块,核心城市是上海和杭州。从地理位置上看,环杭州湾大湾区位于长三角入口地带环海分布,形成一个倒"V"字形豁口,由长三角地带经济龙头上海、新一线城市杭州与宁波、"国际纺织之都"绍兴、太湖流域的湖州、接沪桥头堡的嘉兴、拥有世界级渔场的舟山等城市构成,占地面积约46 258平方公里。其中宁波杭州湾新区是环杭州湾大湾区高水平示范区,是宁波市接轨上海、融入长三角的门户地区,总面积为703平方公里,其中陆域面积353平方公里,海域面积350平方公里。

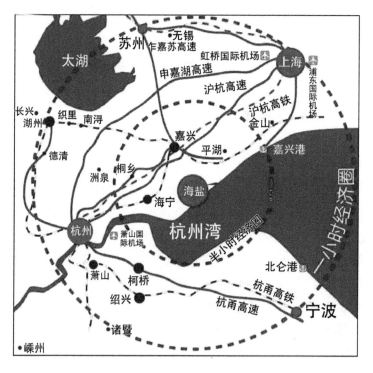

图 4.3 环杭州湾大湾区

(1) 综合立体交通形成且正在升级

环杭州湾大湾区现有的沿海大通道、铁路、公路、杭州湾跨海大桥以及机场等已形成了促进杭州湾经济的重要枢纽,物流效率相当高。依托湾区天然优势,拥有上海港与舟山港两大天然港口。上海港水域面积为3 620.2平方公里,港区陆域由长江口南岸港区、杭州湾北岸港区、黄浦江港区、洋山深水港区组成。2021年1~8月,上海港集装箱吞吐量达到3 096万标箱,全国排名以及世界排名均为第一,货物吞吐量46 611万吨,全国排名第三。舟山港水域面积约9 000平方公里。2021年1~8月,舟山港货物吞吐量82 618万吨,全国排名第一,集装箱吞吐量达到2 137万标箱,全国排名第二。

在陆地交通方面,公路、轨道交通已形成纵横交错的陆地交通综合网。此外,杭州湾跨海大桥、杭甬高速复线(不限速)、在建的通苏嘉甬铁路以及高铁慈溪站(即将开建),还有甬慈城际、沪甬跨海高铁等规划均将进一步提升湾区经济发展速度。

在空运交通方面,湾区内有虹桥机场、浦东机场、萧山机场、栎社机场四大国际空港。2020年上海浦东国际机场货邮吞吐量为3 686 627.09吨,位居全国第一,杭州萧山国际机场为802 049.14吨,位居全国第五。

未来,湾区将加快1条超级高速(杭甬高速复线)、4条铁路(杭州湾跨海二通道、沪舟甬跨海大通道、沪嘉甬铁路、杭州湾宁波城际铁路)、2大国际港口(洋山港、舟山港)、1座新机场(新区通航机场)等交通项目的建设及完善,形成上海与宁波之间1小时通勤圈,助力长三角快速通道能力有质的飞跃。

(2) 具备人口红利优势且向人才红利转化

2020年,环杭州湾大湾区人口约6 000万人,其中上海约2 490万人、杭州约1 193万人、宁波杭州湾新区常住人口约为2 194万人。随着以电商为代表的数字经济产业迅猛发展,提供了较多且薪资较高的岗位,吸引了众多人才。据杭州市政府工作报告显示:2020年,杭州市新引进35岁以下大学生43.6万人,人才净流入率持续保持全国第一。

(3) 教育分层体系完善且资源丰富

环杭州湾大湾区内的教育资源十分丰富,以上海、杭州为湾区核心,拥有上海交通大学、浙江大学、复旦大学、同济大学、华东师范大学等985高校,上海财经大学、上海大学、华东理工大学、东华大学等211高校,教育质量在全国领先。此外,还有其他普通本科院校及高等职业院校,这些高等院校能够为湾区提供不同层次、不同专业的人才。

(4) 制造业集群庞大且制造能力较为突出

目前的环杭州湾区域产业结构是以资源开发和初级产品生产为主,包括电子、汽车、化工、船舶、家电等产业,是拥有较强竞争力的制造业集群,未来将重点发展新一代信息技术产业、新材料、生物医疗、智能装备、航空航天等战略性新兴产业,在芯片制造、汽车工业、高端装备、工业机器人等代表未来发展方向的产业上,也尽显优势。如宁波杭州湾新区,无第一产业,以第二产业为主(GDP占比80%左右),包括汽车及其关键零部件、通用航空、高端装备、智能电气、高性能新材料、文化休闲和生命健康产业等;第三产业是以旅游休闲业、体育产业、专业服务业、新型金融业为主的现代服务业,GDP占比20%左右,计划未来新区服务业增加值占GDP比重达到30%。

(5)以吴越文化为根基的文化环境

环杭州湾大湾区文化根源于吴越文化,主要包含海派文化、浙江文化。海派文化是在吴越文化的基础上融合近代工业文明,形成了一种独特的地域文化,如戏曲(京剧、沪剧、滑稽戏、说唱、评弹等)、风俗(元宵灯会、重阳登高、庙会、婚丧喜事等)、服饰(西装流行、旗袍创新)等,也渗透在各种菜系、各地风味小吃以及异国料理中。如今海派文化的内涵逐步凝聚,以契约精神为主导,具有持久生命力,能够进行文化的古今交融、中外交融、地域交融,能够将先进的理念、不断更新的观念综合到已有文化中去,创新文化,能够在经济、贸易、金融等方面追求现代化、国际化,能够凭借其国际地位辐射文化,体现了文化的交融性、综合性、现代性、创新性、辐射性等优良特性。

浙江文化主要体现在四个方面。一是有历史底蕴深厚的文化遗产,如河姆渡文化、西湖文化、良渚文化等。二是有众多的历史文化名人,如王充、王阳明、黄宗羲、龚自珍、陆游、孟郊、骆宾王、吴昌硕、鲁迅、王国维、钱学森、徐志摩、丰子恺、茅盾等。三是有丰富的经典民俗、风土人情、文化形态,如杭州丝绸、龙井茶叶、西泠印社、灵隐寺、普陀寺等。四是环杭州湾核心区的出版广电、影视演艺、网络文化、动漫创意等新兴文化业态和以文化为创新元素的服装、奢侈品、珠宝等文化产业品牌打响了"诗画浙江"名片。如阿里巴巴、中南卡通、白马湖中国网络作家村等已成为浙江文化业态的著名品牌。

4.4 启示

从交通体系、人口、教育、产业、文化等方面综合对比纽约湾区、旧金山湾区、东京湾区、粤港澳大湾区、环杭州湾大湾区,我国粤港澳大湾区、环杭州湾大湾区在产业集群、高新技术产业、高端人才资源、产学研创新联合体、金融服务等方面与世界三大湾区(纽约湾区、旧金山湾区、东京湾区)相比仍有较大差距,可借鉴世界三大湾区以下经验,提升自身高质量发展。

(1) 做好跨区域的顶层规划设计

湾区通常是跨行政区域的海湾、港湾以及岛屿组成的片区,各地方政府在制定社会经济发展政策时会有所不同,需要更高层政府进行统筹规划,各地政府需要通力合作,形成合作联盟,进行跨区域协调整合。在湾区一体化建设中,各地方政府需要打破地域观念,以改革、开放、共赢理念,通过跨区域的顶层设计,系统进行湾区内各城市合理布局,营造公平公正、有序竞争的开放市场体系,发挥市场机制的资源配置作用,构建完善的法律保障体系、有效的监管机制,提升湾区经济的竞争力。例如纽约湾区五大中心城市,各有分工及特色:纽约市是美国的金融和商贸中心,波士顿以高科技产业为主,费城是纽约都市圈的交通枢纽,华盛顿是政治中心,巴尔的摩重点发展国防工业。旧金山湾区中,半岛北端的旧金山是重要的海军基地、著名的贸易港以及美国西部最大的金融中心;南湾的圣何塞是硅谷首府,湾区内最大的城市,高新技术产业集群区,创新能力极强;东湾的奥克兰是依靠港口的工商业重城。这三大城市各具特色、优势互补。东京湾区的六大港口(东京港、川崎港、横滨港、千叶港、横须贺港和木更津港)也有各自的特色及职能,如表4.1所示。

(2) 依托港口作为融入全球化发展的窗口

纽约湾区、旧金山湾区、东京湾区从地理位置上看,都拥有狭长的海岸线。三大湾区港口利用各自区位优势,布局港口,以自由港的形态,连接湾区内部交通网络,形成连接湾区内外经济活动的重要枢纽,带动湾区港口经济建设融入全球化发展中。利用港口,对国际国内两大市场资源进行高效配置,实现了工业、金融业、旅游业、服务业、商业等的飞速发展。

(3) 构建高效综合的立体交通体系

在湾区经济未形成前,海湾和岛屿连接不畅,湾区内交通不便,不利于货物及人员的流通。因此,需要大力发展湾区基础设施建设,打通不畅点。如纽约湾区的布鲁克林大桥和韦拉扎诺海峡大桥,旧金山湾区的金门大桥和奥克兰海湾大桥,东京湾区的濑户大桥和京门大桥等,与公路连接,把湾区内的各城市连接起来,形成高效的集疏运体系。同时,大力发展铁路、捷运系统、航空等交通方式,进行水陆空有效对接,形成综合立体交通体系,并通过信息基础设施建设,畅通人流、物流、信息流。如东京湾区的轨道公共交通系统承担了60%的通勤和商务出行需求,这强化了湾区城市之间的社会经济联系,推动产业和空间的融合。另外,在交通体系规划设计方面,基于信息平台,对人流、物流等大数据进行评定,进而设计交通体系,以满足全要素流动、经济发展对交通的诉求。

(4) 形成跨组织的产学研联合体

纽约湾区、旧金山湾区、东京湾区拥有丰富的教育资源,有一批世界知名的高水平大学及科研院所,高层次领军型人才云集。湾区雄厚的人才资源是湾区实现科技创新驱动的重要因素,而大学及科研院所的科研成果又是推动产业升级的基础。湾区将大学、科研院所、企业进行联合,将知识链、创新链、产业链进行融合,有效配置人才、技术、资金等重要因素,将众多新技术从实验室转化成科技新成果,助力传统制造业转变、产业结构优化,实现高新技术产业集群化发展,在科技变革中抢占发展先机,占领科技创新的制高点。

(5) 提供强有力的金融服务

纽约湾区、旧金山湾区、东京湾区除了具备强大的创新能力,还具有强大的金融资源配置能力,是湾区发展重要的金融枢纽和区域金融中心。创新成果的形成及产业化需要有巨大资金作为支撑。湾区打造金融中心,能够对国内外资本产生巨大的虹吸效应,吸引大量资金流入湾区,推动金融机构集群式发展,不断创新和开发投融资服务新模式,着力解决中小型科技企业发展投融资难问题,为湾区高新技术产业的集聚及快速发展提供强大保障。如以"纽约后花园"闻名的康涅狄格州小镇格林尼治是很多对冲基金和金融服务公司的大本营,据统计全美150多个对冲基金中,至少有50个设在格林尼治镇,支撑着湾区的经济发展。

(6) 塑造开放多元包容的文化环境

湾区的快速发展吸引了大量的外来人口,湾区内的制度、文化氛围对外来人口的排斥性较小,具备包容性,促使人才不断积聚。同时湾区对创新发展失败持宽容的态度,激发了敢于探索、尝试、创新的精神,为湾区的创新创业注入了活力,产生了许多创新成果。这些成果的产业化促进了湾区经济增长,进一步推动新技术、新产品的研发,推动新产业的衍生与集聚,形成创新的可持续化发展。因此,创新作为湾区经济发展的根本动力,需要有开放包容的文化机制,将移民文化与本土文化进行相融,才能留住人才,促进人才流动与积聚,为湾区的创新发展提供源源不断的智力支持。

5 江苏现代流通体系构建的战略思路

5.1 基于扎根理论的流通体系问题逻辑依归

扎根理论是一种质性分析主流方法,它是从所收集的资料中自下而上总结归纳出理论的方法,包括开放性编码—主轴编码—选择性编码三个基本步骤。

(1) 开放性编码

开放性编码是将原始资料打散、揉碎,重新进行编码和整合,主要任务是命名和定义类属,并在属性和维度两个层面发展类属。根据前述调研统计数据及问题分析,采取贴标签方式对所有问题逐个进行编码。如表5.1所示,通过编码分析共得到7个概念化类属,以 A1,A2,…,A7 进行编码。

表 5.1 流通体系的开放性编码

序号	概念化类属	问题举例
A1	流通基础设施	Q1:新长铁路因江阴轮渡停渡而断点 Q2:禄口国际机场航线少 Q3:冷链物流不发达 Q4:内河港口岸线利用率不足19% Q5:货运机数量不足 Q6:农村快递派件效率低下,服务单一,网点布局不合理,快递安全性较低 Q7:农村物流基础设施落后,交通不便
A2	多式联运	Q8:大丰港、洋口港尚未建成,新长线未进港 Q9:货运公司选择港口受限,"河-江-海"联运、"公-铁-水"联运不足
A3	信息化水平	Q10:通道内部信息化水平参差不齐 Q11:通道智能化、大数据等先进技术未被广泛应用 Q12:不同区域物流运输设备缺乏统一标准,信息采集没有统一的标准 Q13:公、铁、水、航空之间未能实现实时信息共享,信息孤岛严重 Q14:农村货物运输信息不够透明

(续表)

序号	概念化类属	问题举例
A4	企业知名度	Q15：航空货运吞吐量小 Q16：外贸运输困难,集装箱不够,成本上升
A5	机制体制	Q17：航线补贴机制未发挥有效性 Q18：临空产业配套差 Q19：物流金融发展水平较低 Q20：合作方资金有限 Q21：物流企业拿地用地受限 Q22：外贸生产性服务业发展较慢 Q23：各地区商贸流通环境差异较大 Q24：农村快递收费不规范,存在快递代理点会收取额外费用的现象 Q25："红眼货运"进城难 Q26：物流绿色化问题
A6	人才资源	Q27：数字化人才短缺 Q28：技术技能人才短缺
A7	智慧供应链	Q29：供应链信息共享程度有限 Q30：制造业原材料价格上涨,中小型制造企业成本压力较大 Q31：外资贸易制造企业转型困难 Q32：苏北地区跨境电商发展较为缓慢

（2）主轴编码

主轴编码是根据一定原则对概念化编码进行缩编,用范畴来发展和建立概念化类属之间的关联性,进而重新根据研究目的和相关原则对这些概念进行综合。这一过程包括挖掘范畴、为范畴命名、发掘范畴的性质三个基本过程。如表5.2 所示,将概念化类属进行归类分析,挖掘概念化类属与范畴化类属的联结,得到范畴化类属。

表 5.2 流通体系的主轴编码

序号	范畴化类属	概念化类属	范畴化类属
B1	流通网络	A1 流通基础设施 A2 多式联运	流通基础设施包括通道、枢纽、场站、物流设施设备等,通道之间衔接形成多式联运,上述实体连接起来形成流通网络
B2	数字化平台	A3 信息化水平	信息化水平通过数字化平台反映

(续表)

序号	范畴化类属	概念化类属	范畴化类属
B3	企业品牌	A4 企业知名度	企业知名度与企业品牌有很大关联
B4	营商环境	A5 机制体制	机制体制与经济发展、创造公平有序的竞争环境有很大关联
B5	人才培养	A6 人才资源	企业所需的人才资源与人才培养有关联
B6	流通体系互联互通	A7 智慧供应链	智慧供应链构建与流通体系的互联互通有极大关联

(3) 选择性编码

在选择性编码阶段，通过不断挖掘主轴编码形成主范畴，逐步提高概念抽象层次，从主范畴中开发统领所有范畴的核心范畴，并以"故事线"的形式将各种关联变量纳入理论模型中。针对表5.2，对核心范畴与主范畴之间联结关系进行反复分析比较，构建了现代流通体系网络图模型。如图5.1所示，流通企业、客户、数字化平台、流通网络等是组成流通体系的资源要素，相互之间的有机组合是资源优化逻辑；政府对流通体系体制机制的构建及完善，营造了市场竞争公平、有序的环境，与流通体系间是环境影响逻辑；现代流通体系的本质是互联互通，不仅地理上通道与场站连通、通道与通道连通，而且在信息层面，需要各数据之间的互通、共享、安全，这是内在本质逻辑。

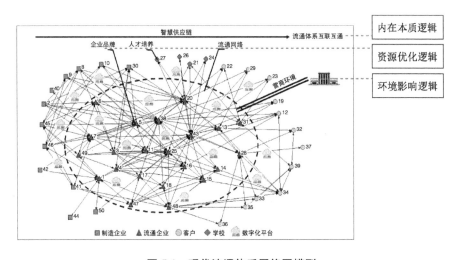

图 5.1 现代流通体系网络图模型

5.2 现代流通体系的战略思路

基于前述现代流通体系网络图模型,在"双循环"新发展格局的时代背景下,从系统论视角构建"一营、二建、三转、四培、五通"的现代流通体系战略思路。

5.2.1 一营:流通体系营商环境大优化

优化营商环境是从制度层面,不断解放和发展社会生产力,加快建设现代化经济体系,推动高质量发展而提供的有力保障和支撑,它包括影响企业活动的社会要素、经济要素、政治要素和法律要素等方面。良好的营商环境是一个国家或地区经济软实力的重要体现,是一个国家或地区提高综合竞争力的重要方面。

2019年10月22日,国务院总理李克强签发中华人民共和国国务院令第722号《优化营商环境条例》(以下简称《条例》),是市场主体保护、市场环境、政务服务、监管执法、法治保障等方面制定的法规。在《条例》中,营商环境是指企业等市场主体在市场经济活动中所涉及的体制机制性因素和条件,明确优化营商环境工作应当坚持市场化、法治化、国际化原则,以市场主体需求为导向,以深刻转变政府职能为核心,创新体制机制、强化协同联动、完善法治保障,对标国际先进水平,为各类市场主体投资兴业营造稳定、公平、透明、可预期的良好环境。

目前,江苏在现代流通体系的建设中还存在不少机制体制问题,如表5.1中提到的航线补贴机制问题、物流金融发展问题、收费不规范问题等,需要更多地从弱势群体出发,持续深化"放管服"改革,优化营商环境,更大激发市场活力,增强发展内生动力。

5.2.2 二建:流通基础设施网络强建设

流通网络布局现代流通体系的基础设施设备,包括"水铁空公"通道、港口、机场、物流园区等场站,装卸、搬运、储存、拣选、包装、运输等设施设备。努力通过升级流通载体,建设综合交通网络,补齐农村交通运输和乡村物流短板,提升现代流通网络服务能力。

在通道方面,做好"水铁空公"单个系统通道的主干及支线的布局,同时,注重不同系统通道间的联运,以重要场站为交会点,大力推进多式联运。在通道末梢端,"最后一公里"在农村的问题比较多,如基础设施设备落后、网点少、服务单

一、快递安全性低等,需要加大基础设施设备的投入,合理规划及布局县(市)、乡、村三级农村物流网络节点,引入多家物流企业,提高物流服务水平。

在场站方面,引入先进的设施设备,开发或升级软件平台,实现软硬件一体化智慧操作。在设施设备的规划上,进行统筹设计,考虑大型化与高速化、实用化与轻型化、专用化与通用化、自动化与智能化、成套化与系统化、绿色化的设施设备系统布局。

5.2.3 三转:现代流通体系数字化转型

流通体系的数字化转型是现代流通体系的标志,是推动流通体系高质量发展的手段。根据国家互联网信息办公室印发《数字中国建设发展进程报告(2019年)》,2019年我国数字经济增加值在GDP中的比重为36.2%,对GDP增长的贡献率为67.7%,数字经济对于中国产业经济的影响越来越重要。

如前调研显示,目前江苏流通体系的数字化水平较低,体现在:不同类型的通道内部信息化水平参差不齐,影响运输效率;不同类型枢纽站之间存在"信息孤岛"现象;缺乏多式联运信息服务平台;商贸流通产业中数字化、智能化未普及;各地区商贸流通环境差异较大,地区数字化水平发展不平衡等。

流通体系数字化转型是一项系统的、复杂的工程,需要提升通信速度、延伸网络线路铺设;制定不同类型通道信息化的标准,连接不同企业、政府部门信息系统,共享公用数据;依托先进信息技术,提升公共货运信息服务平台的智慧性,实现货车人的精准匹配。

5.2.4 四培:企业品牌培育及人才培养

根据前期调研,虽然江苏外贸出口近几年持续增长,但受国外疫情影响,很多运输到国外的货船无法短时间完成卸货,导致大量的集装箱和货物在港口积压,"一箱难求"成了遏制外贸企业业务增长的重要因素,这也反映了江苏外贸企业的品牌、口碑、话语权在国际上处于弱势地位。对江苏物流企业而言,虽然物流发展十分迅速,但仍存在小、散、乱,大型物流企业在国际上的地位还不突出,海外仓布局明显不足,在国际物流方面仍显薄弱。因而培育本地企业品牌显得非常重要。在企业品牌培育过程中,需要准确定位市场、注重产品或服务质量,以技术进步推动企业品牌转型,形成产品或服务的特色化、推广标准、布局海外等。对于农村而言,根据当地特色农产品、手工制品等,依托县镇两级领导团队构建农村流通服务平台,提升服务能力,打造地方知名品牌。

数字化、物流、电子商务等技术技能人才是在前期调研中企业反馈的紧缺人才。在生活物资丰富的年代,年轻人没有太大的生存压力,崇尚自由、高品质的生活,追求也不同。时下的零工经济,劳动者只需要完成非连续性的工作任务,自己提供劳动工具,自由决定工作时间和工作地点,没有管理者的训斥,也不需要随时保持紧绷的工作状态。相较于在仓库、码头等环境单一的地方连续工作,甚至需要三班倒的工作,显然,年轻人更喜欢非连续工作。同时农村环境相较于城市而言,年轻人更向往城市生活,返乡大学生、到农村工作的年轻人比例还很少。在人才培养中,需要政府、高校、企业通力合作,通过政府牵线搭桥,帮助企业与高校签订订单班,高校负责培养与输送人才,企业负责提供实训、工作等岗位及工资,政府负责解决学生资金、住宿、人事档案调动等问题。

5.2.5 五通:现代流通体系的互联互通

现代流通体系的互联互通,"联"即流通通道、场站、设施设备、人才等通过一系列活动联起来,"通"即在活动过程中,物流、信息流、资金流等流动的畅通。从线上线下看,线上各类数据的收集、加工处理、传递、输出、交换等畅通,无信息孤岛;线下各类通道与场站连接畅通,多式联运发挥效应,从而形成水、陆、空、网综合一体化。有研究表明:流通业增加值占第三产业比重的提高会在一定程度上使得流通全要素生产率下降,流通效益的提高能够促进全要素生产率的增加。江苏加快建设现代流通体系是提高资源配置全要素生产率、增强经济发展新动能、推动长三角一体化发展的必然需求。

经过深度调研发现在工业 4.0 时代,市场倒逼着制造业的转型升级,促使物流业与制造业的加速联动,"两业融合"是发展趋势,推动生产供应链一体化进程。物流技术的快速发展、物流新技术的层出不穷,很多第三方物流已逐渐演变为科技驱动的智造供应链管理专家,助力制造业供应链全过程,包括原材料物流、生产物流、成品物流、售后物流。特别地,对于生产物流,已有成功案例:物流企业根据制造商每天对物料的需求,通过自动化仓库、无人配送车、无人搬运小车完成物料的自动配送。由此,针对目前江苏全要素生产率亟待提高的现状,可以通过优化产业链供应链的空间布局、创新供应链模式等方式打造互联互通的大流通体系。

江苏现代流通体系构建的关键举措

6.1 优化双链空间布局,打造互联互通大流通体系

借力南京、徐州、苏锡常三大都市圈的地理临近效应,借鉴全球湾区成功经验,提升区域性商贸物流节点城市集聚辐射能力。全球成功湾区是集港口、产业集聚、网络和数字经济高度融合而成的独特经济发展模式。江苏目前有南京、徐州、苏锡常三大都市圈,应跨圈做好流通体系顶层设计和协同发展。利用好江苏港口优势,让港口经济助推江苏三角湾区融入全球化发展。构建高效的集疏运体系,增加江苏综合交通运输通力。加强产业界与教育界的合作,加快流通体系基础设施设备智能化研发,助力流通体系基础设施设备的改进。打造三大都市圈金融中心,为湾区快速发展提供强劲动力。

推动流通要素高效流动,打破信息孤岛,畅通人流、物流、资金流、信息流,促进城乡生态位融合。目前江苏城乡流通体系发展不平衡,苏北、苏中、苏南不同区域农村流通建设发展不平衡,要因地制宜制定农村电商物流优化策略,全面铺设乡村物流服务网点,加快绿色物流发展和数字化改造,助力农村增收和电商的提档升级,从而加快推进农村电商物流高质量发展,完善从农产品研发、生产加工到营销服务的全链条供应链体系,为全环节提升、全链条增值、全产业融合畅通渠道,促进流通全要素高效流动,助力形成新发展格局下的强大市场。首先,针对苏北农村电商物流较薄弱地区,要统筹规划建设电子商务区域,加快区域规划布局和申报建设工作,布局电子商务企业和配套企业集聚;要加大苏北农村政府扶持和服务平台建设,建立合作联社,一站式解决农产品种植、生产、包装、仓储、信息发布、信息搜索、电商交易、品牌发展、金融贷款和线下批发交易等问题,创新农村电商物流模式。其次,针对电商物流较为发达的地区,要加大监管力度,遏制低价竞争、无序竞争的行业乱象,打造农村绿色农产品高端品牌。最后,针对已经形成品牌效应的电商物流发达地区,应加快完善农产品标准体系建设,制定和完善属地品牌保护政策,加快"互联网+农业+文旅+娱乐+餐饮"等产

业融合，打造"县域大消费生态圈"，全面提升供应链服务水平和高端产品供给质量，实现品牌的可持续发展。

创新产业链、供应链双链模式，打造长三角湾区高质量流通样板。首先，增强产业链、供应链的稳定性和竞争力。流通企业应积极构建梯度供应链，形成高端供应链布局长三角、中端供应链布局中西部、中低端供应链布局东南亚，并持续加强海内外实业能力体系建设，推进供应链重塑。其次，以科技创新推动产业链、供应链优化升级。通过流通技术机械化、流通技术标准化和流通技术信息化等方式进行流通技术创新，打造具有更强创新力、更高附加值、更安全可靠、节能环保的产业链、供应链。最后，健全农村物流末端和产地冷链基础设施，畅通"最后一公里"末端配送，提升供应链价值。加快乡镇物流配送中心数字化、智慧化改造，健全农村物流分拨网络，助力农村智慧电商的发展；通过农产品产地冷链仓库和加工中心建设，赋能农产品上行"最先一公里"提质增效，助力农民自主"造血"和增收致富；加速推进"交邮融合"和"统仓共配"力度，畅通城乡双向循环，助力实现小农户和大市场的高效对接；加快包装、仓储、配送等环节的标准化建设，助力农村电商全链条的降本增效；整合农产品上下游资源，加快农产品供应链体系建设，加快完善农产品现代流通体系。

6.2 健全流通网络体系，加快干支末通道融合发展

加快建设过江通道、综合交通连接线、深水海港等交通短板。尽管江苏目前过江通道有多条，但在高峰期仍旧出现严重的交通堵塞，应进一步畅通南北交通，建立"复合型""铁路型""轨道交通型""公路型"等多类型过江通道。优化土地、能源、岸线等资源，打造长江绿色生态廊道，布局"两纵五横"骨干航道、集装箱运输干线港，发挥南通港江海区位优势，实现江海联运。

打造空港产业集群示范区，优化机场补贴机制，打破等、靠、要政府航线补贴的困局。江苏省约10万平方公里面积内，分布着10个民航机场（在建一个），大约平均1万平方公里一个机场，这在国内乃至世界都属较大密度。但目前临空产业配套较差，除通过"投资强度"驱动招商引资，更需要发挥机场的优势，优化机场补贴机制，促进机场主动服务意识的增强，带动周边产业配套。

铁路、公路、水路错位发展，延长铁路和公路末端进港，提升场站中转能力，开发海外仓和国际新通道。基于"水铁公空"单个交通系统较为完备基础上，加

大各种运输方式之间的联运,实现铁路进港,畅通铁水联运。开辟"一带一路"沿线国家及主要贸易国之间国际货运新航线,形成"国际机场—中小机场"中转衔接、"轨道交通—铁路枢纽"、"铁路进港"等多形式的货物集疏运体系。优化中欧班列线路,开发国际新通道,扩大货运种类,打造具有国际影响力的铁路运输的头部企业。鼓励大型物流企业进行海外仓布局,做大做强本土物流企业,提高国际地位。对于"一箱难求""一舱难求"新形势下出现的供需不均衡问题,激励外贸船公司增开航运航班,加快集装箱回流;跨区域大范围内调剂集装箱余缺;扩大集装箱产能;加大监管海运口岸的收费;采取其他空运、中欧班列等运输方式。

构建内河港-江海港联动、"公-铁-水"联运机制,建设无水港,构建海港内陆腹地全要素融合新格局。以航运中心和主要港口为重点,加快铁路、高等级公路与重要港区的连接线建设,特别是要推进疏港铁路建设,完善集疏运网络,强化集疏运服务功能,提升货物中转能力和效率,有效解决"最后一公里"问题。从而,推进水、陆、空等多种运输方式的无缝衔接。大力发展集装箱海铁联运,为降低港口物流运作成本、促进物流集约发展提供良好支撑。建设无水港,形成海港内陆腹地布局。无水港,作为建设在内陆地区具有通关、报检口岸功能和除船舶装卸外所有港口服务功能的现代物流中心,可实现内陆地区与海运物流网络的有效衔接,推进大宗货物运输"公转铁""公转水",实现货流集聚和资源整合,从而打通江苏省内陆地区的跨境物流通道。积极开发利用丰富的内河港资源,大力推动完善内河港区周边的物流配套设施,提升内河码头物流配套增值服务能力,有效发挥内河港作为江港、海港的喂给港作用。

6.3 畅通流通神经末梢,提高流通主体核心竞争力

发挥流通领域龙头企业的引领辐射效应,促进干线运输与城乡配送高效衔接。加速推进"交邮融合"和"统仓共配",全面服务小农户与大市场对接,为激发农村市场活力、畅通国内经济循环提供有力保障。政府与快递企业合作成立新快递公司,全面落实"交邮融合",加快开发专用交通工具和公交邮路,打通体制堵点,畅通工业品下乡、农产品进城双向配送,为小农户对接大市场提供低成本流通便利;搭建平台推进"三通一达"、百世、顺丰等企业合作,实现统一揽件、仓储、分拣、运输、配送,规范"统仓共配"服务和管理,推进资源整合和数字化运营,为城乡供需精准对接和农村市场提质扩容提供服务保障。同时应构建农产品信

息共享平台，在建立特色电商产业园或者电商小镇时，可以将当地特色农产品或者电商主营产品，以政府为主导构建信息共享平台，帮助电商资源整合，随时随地了解相关上下游产业的信息，实现资源的有效和合理的调动，补齐短板、统筹规划，全面支撑农村经济发展。

对接终端用户需求，以解决"红眼货运"进城难为抓手，加大"放管服"，打破"九龙治水"管理局面。深化流通领域"放管服"改革，针对"红眼货运"的弊端，变多部门各自独立管理为协同治理，实现便民高效治理。针对资质证照通关难，推动资质证照电子化，实现注册、审批、变更、注销等"指尖通关"政务服务。因地制宜做好产业规划和品牌建设的顶层设计，通过自主品牌培育、质量认证、知识产权保护等措施加快品牌建设。发展农村数字普惠金融，加大对电子商务创业农民的授信和贷款支持。创新监管，充分发挥中介组织、行业协会、合作联社的监管和协调作用，促进农村经济的健康发展。

全域健全农村物流基础设施建设，畅通"最后一公里"末端配送。铺设乡村快递服务网点，健全农村物流末端网络，通过现有农村公共设施改造（如村委会，方便加强沟通）、道路拓宽硬化、适度补贴等措施，全面落实"快递进村"，实现自然村和行政村的物流快递点的全覆盖；加快乡镇物流配送中心数字化改造，健全农村物流分拨网络，加快农村路网规划建设、提档升级，针对性加强"产业路"建设，特别是对产量大、运输量大的核心园区和电商集中小镇，要进一步扩宽路面，满足产品运输的大货车通行需要，通过智能化、机械化、数字化等建设，全面提升乡镇物流配送服务水平；打造规模化县域物流园区，健全农村物流三级综合网络，通过资源整合、规模化运作、信息服务平台建设和服务配套，促进县域经济高质量发展，为扩大农村内需、实现消费升级提供有力支撑。

支持地方流通行业协会、企业联盟等牵头制定行业数据标准，加强流通标准体系建设。健全流通标准体系建设，推进物流企业与制造企业、商贸企业的信息编码标准、质量控制标准、装备技术类标准等的统一与衔接，加快仓储设施高标准建设，冷藏集装箱、冷藏车、低温物流箱、移动冷库、内河船型等标准化建设，制定安全监管标准，鼓励龙头企业积极参与新技术新业态国际标准、行业标准的制定，推进制定适用于智慧物流企业的管理标准和办法。

大力发展社会化、专业化的冷链物流，构建全链条、可追溯的冷链物流体系。加快推进农产品产地冷链物流建设，赋能"最先一公里"降损增效，为农村市场优质供给注入造血功能。聚焦农产品产地，健全冷链物流基础设施，打通农产品流通"大动脉",优化农产品供应结构;加大政府支持力度,鼓励龙头企业、新型经营主体和农户加快建设产地低温仓库和配送中心,确保"最先一公里"的供应质量,降低水果、蔬菜、大闸蟹等农产品的流通损耗;加快数字化产地仓建设,摆脱"内卷",提高农产品商品化处理和错峰销售能力,为农产品增值、农民增收提供"造血"保障;大力发展第三方冷链物流,提高农产品冷链运输率,构建标准化、全链条、可追溯的冷链物流体系,为农产品安全和可持续供应保驾护航。

以快递包装为突破口,强制推行绿色、低碳、循环的标准化、通用化流通技术体系。针对快递包装等废旧物资,构建逆向物流新模式。加快产学研合作,研究新材料、新包装技术,降低快递污染。打造循环箱样板,进行推广示范。加快法治建设,进行包装生产企业、寄递企业和用户等多元主体协同管理。

6.4 提升数字治理效能,培育流通主体发展新动能

发挥政府在流通体系数字转型中的元治理功能,将数字治理与流通治理创新融合,助力流通主体从业务驱动、主体驱动向数据驱动转型。利用现代化先进信息技术、感知技术、识别技术等,推进"水铁空公"各系统的智慧化建设,实现系统之间的接口连接,进行数据共享,提升治理能力。针对人货车目前仍不够智能化匹配,应加快无车承运人企业的培育,推广线下基地、线上平台、商业贸易、产经信息、物流配送等融为一体的智慧物流营运模式。

引导大、中、小、微流通企业建立健全流通数据采集、存储、交易等制度,通过区块链、共享云仓等方式实现流通数据规范应用和开放共享,构建零库存、零周转、自动配送调度一体化的数字物流运输体系。首先,制定不同类型物流枢纽之间共享共通的信息化标准。通道内部,信息系统标准化,统一货物二维码标准。加大基础建设投资力度,将新型传感技术应用于无动力设备跟踪、不规则包装的设备匹配等,提高自动化、智能化作业水平。其次,由政府主导建设公益性的公共货运信息服务平台。共享各种通道中的货运信息,打通海关流程,为企业提供一站式综合信息服务。最后,持续深入推动海关监管无纸化,全面应用手持式移动智能终端查验设备和音视频执法记录仪,实现了企业办理查验业务无须递交纸质单证等。

拓展社会信用、财政金融等服务功能,提升城乡统筹和信任治理水平。利用信息化平台,增加企业诚信透明度,加强各类平台信用记录归集,加快覆盖流通

业所有法人单位和个体经营者的信用信息档案，根据信用评价实行分类监管，健全预警警示企业、惩戒失信企业、淘汰严重失信企业的机制。财政金融应结合信息化建设，利用区块链等先进技术，降低金融风险，提高信息的查询速度，增加信息的透明度和对称性，提高结算的便捷性。

6.5 搭建校企合作平台，加快技能型人才分层培养

转变职业教育传统观念，深化职普双轨制教育体制。《国家职业教育改革实施方案》（简称"职教20条"）已明确提出"职业教育与普通教育是两种不同的教育类型，具有同等重要地位。"但这一重要性仅在教育界，甚至仅在职业教育领域中广为流传，需要更多的渠道、途径进行跨界宣传。树立大国工匠、能工巧匠典范，致敬大国工匠、能工巧匠，涵养工匠精神，提升大众对"职业"的成就感。

加快职业教育体系改革，分层设置技能型人才标准。构建专业技术技能岗位金字塔，测算一般岗位、关键岗位、钻石岗位的比例及要求。加快本科层次职业教育建设的步伐，探索职业教育专业硕士，突破职业教育人才上升瓶颈，迎合产业企业高层次技术技能人才需求。根据行业企业标准，完善不同等级职业资格认定标准，推进1+X职业技能等级证书应用，加快书证融合步伐。

构建人才培养激励机制，提高技能型人才福利待遇。对于高分报考职业院校的考生采取给予奖学金、就业推荐、在职学历深造等激励措施。普遍提高技术技能型人才的薪酬，少数高级技术技能型人才的薪酬接近或与工程师或大学教授等群体相当。在房屋购买、购房贷款额度、子女上学等方面出台不同层次技术技能人才引进政策。

创新政产学研融合模式，促进技能型人才流动集聚。政府搭建校企交流平台，促进校企深度合作、协同育人，通过企业与职业院校密切联合，将行业企业标准引入学校，学校根据行业企业标准进行人才定位、专业设置、课程体系构建。每年学生进入合作企业进行实践，提升学生专业技能水平。政府对每年招收对口学校毕业生的企业给予一定的优惠政策，按工作年限进行补贴、财政拨款等；同时给予学校一定奖励。积极推进事业单位、知名企业进行校企合作，让学生提升就业的安全感、稳定感。

加快农村分层分类培训，促进人才双向流动。一是迫切需要选派政府、高校及企业骨干组成的科技乡长团、镇长团、村主任团充实到苏北乡、镇、村一线，通

过"做给农户看,带着农户干,领着农户赚"的方式推进农村电商物流发展;二是鼓励苏南与苏北地区进行"双向"人才交流,通过苏南地区"扶贫"苏北地区,整体带动江苏农村电商物流的快速发展;三是鼓励高校与苏北地方政府进行合作,通过成立乡村振兴学院,多渠道开展校地"双向"人才培养合作和科技服务,实现科技服务进村入户;四是立足电商物流知识更新、技术培训、技能提升,分层分类培育高素质农民和新型农业经营主体,提升培训实效;五是制定更加优惠的人才政策,吸引原籍是苏北地区的在校大学生返乡就业创业,同时加大"苏北计划"力度,吸引各类人才扎根苏北,促进共同富裕,助力乡村振兴。

江苏现代流通体系构建的质性访谈

课题组成员分赴江苏的苏南、苏中、苏北典型样区开展大规模实地调研和质性访谈,先后到访南京禄口国际机场、南通港、常州录安洲长江码头等省内各大机场、高铁站、车站、码头等流通中转场站以及南通海门叠石桥、昆山保税区、徐州睢宁县沙集镇、淮安洪泽区电商产业园、宿迁泗阳县和沭阳县等商贸流通企业,获取了大量翔实的一手数据和分析资料,本章质性访谈内容根据对话整理而成。

7.1 南京禄口国际机场实地访谈

7.1.1 引言

南京禄口国际机场(以下简称禄口机场)是国家主要干线机场、一类航空口岸,华东地区的主要货运机场,与上海虹桥国际机场、上海浦东国际机场互为备降机场,是国家大型枢纽机场、中国航空货物中心和快件集散中心、国家区域交通枢纽。

截至 2020 年 8 月,禄口机场为 4F 级机场,有两条 3 600 米跑道、两座航站楼、两座货运站和一座交通中心,候机楼建筑面积 42.5 万平方米,机坪面积近 110 万平方米,规模居华东地区第二位。拥有 135 条国内航线和 23 条国际航线,通达国内外 115 个航点,初步建成辐射亚洲、连接欧美、通达澳洲的航线网络。

2015 年 6 月 29 日,禄口机场国际快件中心正式投入运营。新启用的国际快件中心位于禄口机场北侧的国际货运中心内,一期面积达 0.38 万平方米,设计年吞吐量为 2 万吨,拥有进出港两条独立的、具有海关同屏对比功能的自动查验分拣线,可同时为 10~15 家物流公司提供优质服务。

禄口机场集散中心是中国邮政速递快速邮运网络的运转中心,功能主要包括速递、物流邮件的分拣处理、邮政夜航飞机的停放和邮件集中交换,以及安检、海关通关、运输等一体化的运作,国内、国际速递邮件将在夜间集中到南京,利用集散中心现代化的处理设备,在 4 个小时之内完成邮件装卸、分拣、安检、海关通关等全部处理过程。

2021 年 6 月,课题组来到禄口机场,与机场货运业务负责人就禄口机场货运情况进行深入交流。

7.1.2 访谈主要内容

(1) C2 国内货运站

2014 年 7 月,C2 国内货运站开始启用,总占地面积 6.02 万平方米,可满足每年 24 万吨的国内货物处理需求,国内货物在原来基础上处理能力提升了 5 倍。国内货物采用较为先进的设备,分区处理,8 条货检平台通道,处理效率提升了 30% 以上。C2 国内货运中心为货主、航空公司提供航空货运服务,主要包括:负责南京始发的所有国内航线空运货代业务,航空货物、快件、邮件、时令鲜活货物的收运,以及国内到达货物在市内提取服务,提供中转、仓储、派送、短驳等各项货物延伸服务。

相比北京首都国际机场、上海浦东国际机场、上海虹桥国际机场、广州白云国际机场、成都双流国际机场、深圳宝安国际机场,禄口机场具有南京省会辐射本土优势,但在市场占有量、吞吐量、航线数量、货运机数量、科技含量、临空产业配套等很多方面有较多不足。

在华东空港群,禄口机场排位中等。华东地区航空网较为完善,基本可以满足当地空运业务。禄口机场与其他空港进行人员合作,促进业务提升。禄口机场无中转业务,不提供不同车企的车辆进行拼装运输业务,且货运业务收入对政府补贴依赖性较强。

(2) 机场货运种类及客户

对于禄口机场国内普货,快件占比达 40%,主要客户包括顺丰、跨越、"三通一达"、腾宇物流、康博特物流、中宇物流、金宇通物流等。与客户签订长期合作,一年一签。给予的优惠政策主要是对季节性鲜活产品发货时,在代理人操作费上给予优惠。

在禄口机场货物品类中,电子产品、电子零配件占比达 30% 左右,鲜活货(小龙虾、鱼苗)占比也在 30% 左右。客户数量有波动,此消彼长,国内大宗物品订单有增加趋势。国内合资企业订单减少,客户有所流失,将积极大力发展代理人以揽收货源。对疫情所带来的冲击影响能够克服。

(3) 多式联运

客户对实效性越来越高,机场与公路、铁路、水路几乎无对接,没有多式联运。货物运送至不同城市,由客户自提。

(4) 作业限时要求

货物到达机场平台交运后,预配 3 小时后最早的航班。整个货物装卸通过自动化设备进行,效率较高。一般地,进港货物 150 分钟内提货,出港货物 24 小时内收运。禄口机场空港通过加快货物抵达机场后的入库与离港时间为客户提供一个低成本、运输时间短且稳定的服务。

(5) 收费项目

收费项目包括:国内进港提货费 0.3 元/kg,国内出港航空运费 0.2 元/kg,燃油费,货站处理费(普货 0.3 元/kg,特种货物疫苗鲜活等 0.6 元/kg),代理人操作费(由市场决定)。

(6) 信息化程度

空港利用 ERP 平台对接代理商、企业、物流商,提供实时货物跟踪等功能,客户结算以电子银行为主,便利、安全。但整体信息化程度有待提升。

7.1.3 小结

通过与货运业务负责人的交流,发现禄口机场存在以下问题:①机场对政府补贴依赖性较强;②机场与公路、铁路、水路联系不紧密,空港辐射优势不明显;③机场为客户提供的服务主要在时效性上,增值服务不多。其中,机场对政府补贴依赖性较强是大多数机场存在的普遍问题,由此造成在货运量不达补贴标准,通过伪造虚假数据以获得补贴,这就失去了补贴机制应有的效果,使补贴机制失灵。

7.2 南通港码头管理有限公司实地访谈

7.2.1 引言

南通港共有 369 公里岸线,其中沿江 166 公里,沿海 203 公里。目前规划有 11 个港区,其中沿江有如皋、天生、南通、任港、狼山、富民、江海、通海、启海 9 个港区,沿海有洋口、吕四2个港区。目前南通港主要分为三大场站:东部、中部以及西部。东部通州湾港区集江海、机场、公路、高铁于一体,便于多式联运;中部以集装箱水运为主;西部以散运为主。东部通州湾港区以临港工业起步,利用土地和岸线资源吸引大型临港产业入驻;通过长江口北支航道及后方内河水网发展"江海河联运"承接部分沿江港口功能转移,未来利用深水资源优势建设大型中转运输码头,建设成为临港产业和中转运输并重的现代化综合性港区。港区规划深水岸线37.3公里,陆域面积48.8平方公里,共分为临港工业港口配套服务区、通用码头作业区、干散货码头作业区、通用及干散货码头作业区、液体散货码头作业区、通用及集装箱码头作业区等六个功能区,规划建设5万吨级码头泊位30个,10万吨级以上码头泊位86个。

南通港集团有限公司地处江苏省南通市境内,东临黄海、南临长江,是长江北翼最临近海域的港口,前身为南通港务局,2002年实行政企分开而组建。2005年经商务部批准成为中外合资经营企业,2017年变更为国有全资企业。集团公司拥有分公司4家,子公司4家,控股、参股公司4家。集团公司拥有长江岸线4 166米;千吨级以上公用生产泊位23座,其中万吨级以上13座,最大靠泊能力为20万吨级;堆场面积60万平方米,仓库面积5.3万平方米。集团公司主要从事港口的建设和经营,货物装卸、堆存及物流配送、客货运代理、理货,港内船舶拖带服务,船舶航修等业务。

2021年7月初,课题组参观了南通港码头管理有限公司的仓库、码头,一边参观一边与公司领导交流南通港的发展情况。

7.2.2 访谈主要内容

(1) 公司现状

2018年3月,集团公司举行南通港天生港区横港沙作业区新世界码头3♯—4♯泊位改造(5♯引桥加宽)工程开工仪式,标志着横港沙基地建设正式启动。2018年9月14日,集团全资子公司南通港码头管理有限公司成立,公司注册资本3亿元人民币,以天生港区横港沙新建码头为基地。2018年10月开始从主城区开始拆建,搬至现今位置。2019年,3♯4♯泊位建成,2020年12月31日通过验收。同时,2018年9月,完成集装箱分公司业务、人员等整建制转移至通海港区。从通州湾到启东再到海门,公司有两条铁路生产线,目前已启动一条生产线。沿海集装箱也在二次规划中,未来一两年内建成。

公司改造工程投资13.9亿元人民币,离吴淞口122公里,公司两个码头长度是436.5米,宽度30米,平均水深16米,双向航道,没过水深12米,10万吨级泊位。改造后有3台卸船机,其中有1台卸船机每小时卸货1000吨,1台装船机,每小时装船3000吨。目前公司有6个仓库,主要经营化肥与木片,还有9.5万平方米的场地。目前国内木片需求量很少,需要转化经营,将主要经营化肥。2021年6月,码头开始经营,目前公司日吞吐量不多,大约为750吨;以往日吞吐量在1500—1600吨。

客户主要来自湖北地区,货物为化肥为主,如硫黄,硫黄经营量很大,一年约300多万吨。有一家货物代理——江苏泰禾。生产系统以散货为主,整车运输较少,大部分是散货运输。散货从湖北发过来,公司集并,降低成本。港口较南京港吃水深,可达12米。

由于南通港码头管理有限公司还在建设中,70%员工在家休息。目前公司99人,加上江海公司180人(开卸装车等),共计279人。公司采用全自动化设备,采购系统非常先进,设施设备包括15台门机、灌包机、输送带等。

对于人才需求,公司需要人才了解港口生产运作、商务调度,要会维护客户,需要信息化人才,具备软件能力、通信能力、专业能力等。

公司没有开拓新航线,因不熟悉其他水路,原船运、航道基本不变。对于空船回港问题,基本不存在。因为水路运货有个特点,即时间长、慢。在运货的这段时间内,一般有三个月时间,足以联系好回去运的货,且价格比其他运输工具低很多。

(2) 公司业务

① 大宗散货、件杂货业务

通州港务分公司拥有568米长江深水岸线,前沿配有40吨门机7台,16吨门机3台,后沿堆场8万平方米,仓库面积2万平方米,为广大客户提供有色金属矿石、非金属矿石、矿建材料、化肥等散货装卸服务。公司拥有件杂货专业设备和专业团队,为客户提供进出口钢材、工程设施设备构件、船舶配套设备、袋装货物等件杂货装卸服务。

② 化肥、木片装卸、仓储业务

横港沙新基地拥有专业的化肥、木片专用泊位,配备现代化、自动化的装卸作业工艺,后方建有堆存能力强大的6座大型化肥仓库和8万平方米木片堆场,拥有自动化、机械化的拆包、灌包仓库,功能齐全、设施完善,可为长江流域、苏中、苏北地区的化肥、造纸企业提供一流的专业服务。

③ 集装箱业务——南通通海港口有限公司

南通通海港口有限公司位于苏通大桥下游两公里处,地处长江下游徐六泾河段水岸,距长江入海口 160 公里,距吴淞口 65 公里,紧邻长江 12.5 米深水航道。公司一期工程 2018 年 6 月底开港运营,具有长江深水岸线 958 米,年设计吞吐能力 400 万标箱。一期吞吐量 180 万标箱左右,一、二期合计 400 万标箱。港区与 G15、G40 高速公路相连,宁启铁路将直达港区,内河三级航运,可连接苏中、苏北地区及通州湾新出海口。公司配套设施完善齐全,具有"公水联运、水铁联运、水水中转"等优质便利的集疏运体系,二期工程已于 2020 年底开建,是长江流域通往国际的重要枢纽和苏中、苏北地区外向型经济发展的首选口岸。

④ 粮油装卸、仓储业务

集团在横港沙新基地待建一座 10 万吨级的现代化粮油泊位,一线长江码头长度 508 米,10 万吨级和 3 万吨级粮油泊位各一个,一线码头内侧和二线码头设有 7 个 0.5 万吨级江轮泊位,后方建有单仓容量 1.2 万吨的散粮筒仓 12 座,年设计吞吐量 913 万吨。交通条件优越,配套设施齐全,集疏运体系完善,装卸工艺先进、高效,可为长江流域粮油生产企业提供一流的专业服务。横港沙二期可为粮食加工仓储企业提供良好的配套服务。

7.2.3　小结

在与南通港码头管理有限公司领导的交流中得知,目前港口发展遇到如下困难:①江苏港口同质化现象严重,形成了恶性竞争;②南通港的吞吐量近几年有较大增长,但与上海港相比,还有很大差距;③港铁联运还未实现,港口集疏运功能有待提升;④人才难求,需要具备港口专业知识、商务知识、计算机知识等一体化的复合型人才。

7.3　常州录安洲长江码头有限公司实地访谈

7.3.1　引言

常州港是 2001 年 4 月 25 日经国务院批准对外开放的一类口岸。口岸位于常州市高新开发区,有码头 4 个,泊位 11 个,具有集装箱、件杂、散货、液体化工等综合通过能力。其中,常州港通用码头全长527米,水深10.5米,有万吨级泊位3个,最大可停靠7万吨级船舶,设计年吞吐量135万吨(其中散货80万吨、件杂货55万吨)。

录安洲是长江中泥沙冲积而成的江心洲,与常州市规划的沿江化工区隔江相望,东西长4.6公里、南北宽0.8公里,总面积为3.68平方公里,堤内面积2.8平方公里。录安洲北侧临近长江主航道,其东段岸线(约2公里)水流较平顺,前沿水深为16米,适宜建设万吨级以上深水泊位;录安洲夹江江面宽约300~400米,从其水域条件分析,夹江两岸可建3 000~5 000吨级以下的海轮和内河泊位。

常州录安洲长江码头有限公司由中天钢铁集团有限公司与常州市交通产业集团有限公司共同投资组建。公司一期工程总投资8.5亿元,于2006年12月开工,2010年全部建成投产。至2020年,录安洲港区已经成为大中小泊位并举、多用途泊位与专业化工泊位结合,功能齐全,集疏运畅通的现代化港口,真正成为常州地区对外贸易的重要门户和区域综合物流中心,以适应常州外向型经济快速发展和建设的现代国际制造业基地的需求。

2021年7月中旬,课题组赴常州录安洲长江码头有限公司进行调研。公司总经理及两位主管详细介绍了公司的业务、经营等情况,并带领课题组参观码头、堆场、环保装备等。

7.3.2 访谈主要内容

(1) 总体情况

常州港隶属江苏省港口集团有限公司(以下简称省港),省港除常州港外,还包括南京港、苏州港、张家港港、南通港等港口。在江苏私营港口中,江阴港是目前省内最大的私营港口。常州港可利用的湾线大约只有6公里多,与江阴港码头相比,常州录安洲长江码头体位较小。常州港定位于中转和仓储。仓储工作中,集装箱属于大型集合包装,常州市较多的企业数量使得常州港的保销量一年能达到100万标箱左右,但同时也面临竞争。

从常州港码头到江阴港开车仅需20分钟,相比于已经形成完整产业集群的支柱性产业——江阴港,录安洲长江码头功能性并不是太强,主要还是为本集团公司服务,这也反映出常州港码头体量小,受重视程度不够。预计2022年的集装箱量在800万标箱左右。常州港与南通港相比,差距很大。南通市近年的

GDP 比常州市多了 3 000 多亿元,经济较为发达,政策、理念也比较开放,政府大力支持,人口多,占地面积广,以及靠近上海港的优越地理位置,都为南通港的长期发展奠定了基础。

(2) 盈利状况与港使费

常州录安洲长江码头有限公司注册资本是 9.4 亿元人民币,但还有贷款十几亿元,每年偿还贷款和利息之后,基本上能够盈亏平衡。码头属于重资产,盈利比较难。即使是南京港,也盈利不多,但总资产可以达到 600 多亿元。连云港港现在也是省港旗下的港口,它是很老的一个港口,前身是军港,营收只有十几亿元,却要养 7 000 多人。而一些私人港口盈利比较多,因为他们港口的业务更为灵活,员工成本比较低。

每个码头都有自己的港使费,港使费标准不一样。如外贸厂引航员到常州港与到江阴港或镇江港,价格不一样,运费也不一样。每个地方的政策和收费标准也不一样。船主会根据不同港口的费用进行择港。

(3) 人才情况

常州录安洲长江码头有限公司现在有正式员工 300 多人,还有其他的外企单位、协作单位,大概还有 180 人。公司招聘以本地招聘为主,需要技术技能型人才,与江苏航运职业技术学院、公司周边的学校有合作关系。前几年招工没什么问题,这几年,随着房价上涨过快,留不住人才,所以招聘还是以本地人为主、以公司周边人为主。常州本身人口不多,人才建设一般,政策不到位,没有很大的吸引力。

(4) 货物与集装箱

目前常州录安洲长江码头集装箱大概有 35 万多箱,换算成吨,集装箱总量占整个货量的 1/4,营业收入占公司总收入的 1/3。散装货主要是各种矿石、煤炭、焦炭,还有一些化肥、粮食。矿石的货量是比较大的。集装箱虽然价格较高,但却是大势所趋。如一些价值比较高的货,比如焦炭,若装到集装箱里,破碎率会小很多,价格也会相应增长,货主也会更愿意做这块业务。每个国家对环保都有严格要求,大型的散货运输会造成较为严重的污染,集装箱的应用会相应增加。

在货物装箱方面,不同类别的货物长宽高不一样,装货标准也不一样,这就导致了衔接的困难,在这一方面做得最好的是太仓港和上海港,主要是需要投入大量的人力物力。其中最难装备的就是不规则性的货物以及机械设备,因为机械设备对加固要求很高,需要保证货物的牢固性、稳固性。

(5) 环保要求

港口作为政府监管比较严格的一个行业,环保也是重中之重,有些运输方式会受到严格的管控。这几年常州港一直在环保方面加强投入,因为要响应国家长江大保护的号召。目前在做两大工程,一是全流程化,二是污水处理。整个污水收集处理,到现在(调研时)还没完成,已经做了一年多了。单单这两个工程,就投资了2亿元。现在政府要求港口堆场全覆盖,就是要做类似大棚那样,要求全部不能露天堆放,这还得投资好几亿元,由此小港口就需要三四亿元,大港口投入就更大了。

港口的污染物主要是扬尘和污水。污水主要指露天存放的货物受雨淋后所形成的脏水,船舶停靠的时候需要烧油,也会造成一定量的污染。江苏现在正在推进岸电,即港口给往来船只提供电,船只不需要自己发电。在江阴港就有一个大型的风电场。整体来讲,风电价格比国家电网的电要贵。风电无法实现盈利,反而会不断亏钱,但风电是绿色能源,受国家扶持。小型企业因达不到环保要求,过不了环评,也就无法经营。大型企业环评类似国外的环评,规定这个区域就是不能做污染性的货物,比如在规定范围内,除配齐必要设施设备外,不能从事矿石、煤炭的业务。全年雨水必须全部处理,处理完了以后不能外排,必须自己消化。在日常生活中,循环用水来喷淋、浇花,这相当于雨水收集完了以后再处理,处理完了以后再自己循环利用。现在其实有的地方它的卫生间马桶用的水就是这种循环水。日常用水主要就是依靠这种循环水和长江水。

(6) 信息平台

省港在镇江成立了一个调度中心,原本想实现镇江港、常州港与泰州港三港联动。比如泊位信息,今天镇江港没船,但是常州港这边业务做不完,那就利用镇江港的泊位来做业务,实现资源共享。这个想法很好。但实际操作起来,还是有一定难度,因为这是货择港、船择港,不是港择船。船主不愿意,或者是货主不愿意,因为他觉得成本太高了。另一个原因是在一个港口做的时间长了,船主或货主对价格和吨位都习惯了,换另外一个码头可能在管理方面或者其他方面有差异,船主或货主不愿意去承担风险。

另外,每个港口都想盈利,统一调度会影响每个港口的经营收入,会产生矛盾,而且不可能做到完全公平。所以说这个想法很好,但是运作起来还是有困难的。

(7) 衍生服务

常州港在未来想在仓储方面做延伸服务。港口有大型的仓库,也曾和几家企业合作过。利用港口协会培训学习机会,一直希望能够成立一个中转中心,跟用车软件一样,通过APP集合竞价,彻底解决"最后一公里"问题,但一直没有落实。"最后一公里"是最难平衡的一个问题。企业相互之间的合作应是长期的、稳定的、守时的,要求很高,不是谁便宜谁来做,而是要建立一个长期稳定的供需关系,需要一个长期的、值得信赖的合作伙伴。

7.3.3 小结

通过长达4个小时的访谈,课题组对常州录安洲长江码头有限公司有了较为深入的了解,目前存在如下问题:①常州沿江线路少,码头体量小,运河承载力小,发展受限制;②环保要求高,污水、扬尘处理使得成本急剧上升;③因货择港,货种不同,各港口作业方式和效率也不同,所以各港口产生的成本也不同,相对不公平;④港口间无法真正实现资源共享;⑤常州人才政策吸引力不够,留不住人才。

7.4 新长铁路有限责任公司实地访谈

7.4.1 引言

新长铁路有限责任公司(以下简称"新长公司")于1998年3月成立,注册资本239.98亿元,注册地为南京市玄武区樱铁村1号。截至2019年底,新长公司总资产为253.35亿元,实到资本金239.15亿元,其中:江苏高速铁路有限公司出资约为211.08亿元,占87.96%;江苏省紫金铁路有限责任公司出资约为28.25亿元,占11.77%;浙江省交通投资集团有限公司出资约为0.63亿元,占0.26%。

新长铁路于1998年9月开工建设,2005年4月正式开通运营。2004年吸收合并江苏新淮铁路有限责任公司(新淮铁路),2005年吸收合并宁启铁路有限责任公司(宁启铁路),2015年吸收合并海洋铁路股份公司(海洋铁路)。

新长公司管辖新沂至长兴、林场至南通东、海安至洋口港铁路,线路运营里程为936.204公里。其中:新长线557.397公里、宁启线297.397公里、海洋线

77.529公里、朱锡北联络线3.881公里。线路总延展里程为1587.095公里,其中新长线773.986公里、宁启线687.999公里、海洋线117.757公里、朱锡北联络线7.353公里。

新长公司自组建以来,经历了省方控股、国铁控股和省方再控股的发展历程。目前,公司日常运输生产委托国铁上海局集团公司开展运输组织管理。

2021年6月底,课题组来到新长铁路有限责任公司就铁路货运发展状况进行调研,公司总经理及其他领导详细分析了公司"十三五"期间取得的成绩及发展困境,畅谈了"十四五"期间公司的规划。

7.4.2 访谈主要内容

（1）公司现状

新长公司所属3条铁路线均是客货混营线路。货运市场方面,管内运量较小,直通分流运量受周围国铁路网状况影响较大,具有不确定性。2018年直通实际运量为3.95亿吨公里,较2007年的61.75亿吨公里,下降了93.6%。区域内外货物运输,以到达运量为主,发送运量占比较小,但近年来到达运量基本稳定,发送运量稳定上升。如何发展集装箱多式联运业务成为新长公司"十四五"期间货运经营的关键。

目前,宁启线主要开行客运列车和少量低等级普通货运列车,客运列车中"动车"占比约68%。新长线江北段（新沂—袁北—海安）主要开行普通客运列车和低等级普通货运列车,占比约32%,南段（江阴北—长兴南）,主要开行普货列车,仅江阴北—无锡西、无锡北—朱巷各开行1列特货班列。目前,江阴轮渡已经停渡,新长线作为原国家路网沿海大通道及江苏省内南北铁路运输通道功能已经暂停;海洋线仅开行1对普客列车。

2015—2019年,新长公司亏损额及财务费用不断增大,亏损由2015年的6.10亿元扩大到2019年的12.85亿元。财务费用由1.89亿元降至1.58亿元。公司面临经营困难局面,急需解困破局,谋划新的出路。

面对2020年新冠疫情影响冲击,公司超前预想及时启动"以货补客"的应急策略,通过开发货运班列运输产品,确保货运工作量大增。年内,连续组织开行了扬州至连云港的省内首次集装箱内港班列,海安至越南省内首次东盟班列,连云港经袁北至淮安新港的铁矿"散改集"集装箱班列,以及高密度的淮安至上海、淮安至宁波、海安至上海的集装箱班列,有效缓解和弥补了由于疫情造成客运量下滑带来的经济损失。

新长公司与泰州市姜堰区人民政府、珠海隐山资本股权投资管理有限公司签订协议,共同建设普洛斯泰州(姜堰)铁路物流园区,在新长公司积极推动下,开启了路地合作新模式,迈出了管内既有场站向区域大型物流枢纽的综合开发实质性步伐。2020年积极协同盐城市政府推动盐城站迁移项目落地,为新长公司增加收入4.9亿元,利润3.2亿元。

在新长公司转型升级中,提出"通过创新转型汲取前行动力,通过深化改革破解发展难题",研究探索建立一个平台(运营管理平台)、实现两个创新(实行全资产委托运输管理和以工作量清算为基础的综合经营绩效考核机制),维持三个不变(现有调度指挥体系不变、路网直通运输功能不变、现有收入清算体系不变)。

(2)货运方面"十四五"规划

① 物流业务

目前新长公司和铁发公司均有一些物流业务,但体量小、业务品类单一和运作模式简单,无法形成规模效益和集群效应。未来可通过引入合作伙伴,成立专业化的物流公司,建设一批综合服务配套设施齐全、区域集聚扩散效应较好的物流基地,做大集团的物流业务,充分发挥和放大铁路集疏运功能,增加管内货运量,实现增运增收;配合全线扩大"一带一路"集装箱班列运输成果,打造集团公司综合物流新业态。

② 集装箱多式联运业务

抓住国家区域发展战略和"公转铁""散改集"带来的历史新机遇,研究制定新长公司货运专项发展规划,重点发展集装箱多式联运业务,拓展集装箱多式联运市场。网络和枢纽场站货运设施设备的更新改造专项方案,"公转铁"专项发展方案,吸引沿线大宗货物运输转移到铁路上来;"散改集"专项发展方案,增加集装箱运输比例,提高运输效率;"特色产品运输班列"专项发展方案,包括农产品冷藏运输班列、成品车运输班列;"集装箱多式联运班列"专项发展方案,包括海铁联运班列、国际运输的接续班列等。

③ 场站设施设备和配送网络的技术改造

对既有规模较大、有发展前景的货场,以及中心站和作业站站台、仓储、分拨等场地设施,进行"短平快"改造,优化完善功能区布局、作业流线、仓储设施、装卸线、短途接取送达条件、计量安全检测设备和装卸机械、信息系统等,为巩固既有集装箱运输市场、扩大潜在市场奠定基础。"十四五"期间，主要是改造扬州东、泰州西、淮安袁北新港、无锡（江阴北）等集装箱枢纽场站，强化相应的设施配置。进一步完善集装箱多式联运基础设施网络，强化枢纽衔接配套，围绕铁路集装箱场站，加快公路配套建设，依托公路运输的灵活便捷性，形成以一、二级铁路集装箱场站为中心的配送网络；加快集装箱班列运输产品市场开发，包括依托既有运输资源，通过广泛的货运市场基础调研，与重点货主、物流企业、港口等建立合作关系，将业务从单一产品的运输向物流链上下游延伸，构建多式联运体系，拓展全程物流服务，开行多样化集装箱班列，扩大各类班列等点到点运输产品服务范围，发挥新建大型铁路物流基地之间的网络规模经济效应。按照满足物流基本功能、增值功能和配套功能分层级推进对管内设施设备落后货运场站的分期改造；引进先进装卸机械设备以及其他多式联运快速换装转运专用设备；完善冷链物流基础设施网络，按照现代冷链物流标准和要求，结合市场需求，建设专门的冷藏运输作业线，在冷藏运输基地建设冷藏中转库、堆放冷藏机械箱的专用场地，全程无缝衔接，构建铁路冷链现代物流体系和管理机制。同时要同步加强多式联运"软件"建设，主要是培育多式联运经营人才和操作系统，提高集装箱多式联运运输组织集约化水平，切实降低通道物流成本，增强公司货运市场竞争能力。

④ 国内外班列产品开发

抓住国家"一带一路"倡议机遇和通沪铁路开通运营机遇，积极开发服务于连云港、上海港、宁波港的海铁联运班列；服务于国铁上海局集团公司管内国际班列枢纽点的接续班列；北接陇海线的大宗货物班列；国内点到点南下广州的快速货物班列等。探索开发适合沿江、沿内河港口的大众普货"散改集"班列产品，积极探索形成公司货运列车产品结构升级方案，争取纳入国铁路网的货运列车开行计划。抓住通沪铁路开通机遇，积极组织本地货源，对接客户，合理划分市场。上海港以按长江沿线、沿海城市布局，以泰州、盐城、淮安地区为重点，宁波港以淮安、扬州为中心，多港联动开发海铁联运项目，培育海铁联运班列，以期提高市场认知度。陆路以南京为枢纽，海安、泰州西、扬州东分别成组装车，沿途指定车次挂运至尧化门，在尧化门编组挂运，为苏中、苏北地区企业提供至中亚沿线的集装箱班列服务。

⑤ 新业态新模式探索

依托12306、95306平台及铁路大数据中心，深化铁路网和互联网双网融合，发展铁路数字经济和网络经济。推动铁路与现代物流融合发展,发展"互联网+"高效物流,发展快捷货运和高铁快运,推动铁路货运向综合物流服务商转型。

7.4.3 小结

目前新长铁路有限责任公司遇到了发展瓶颈,主要包括:①铁路场站设施设备陈旧,现代化、智能化水平不高;②在交通体系中,铁路系统与公路、水路、航空耦合性不强,联运业务较少;③铁路的物流业务体量小,未能形成规模效益和集群效应;④铁路数字化建设有待提升,以促进与现代物流融合发展。

7.5 江苏政成物流股份有限公司实地访谈

7.5.1 引言

江苏政成物流股份有限公司(以下简称政成物流)系国家AAAA级物流企业、国家信用AAA级企业、江苏省重点物流企业和江苏省甩挂运输示范企业。公司创建于1983年,占地100亩,股份制性质,注册资本3858万元,固定资产总投入1.4亿元,员工300余人。政成物流主要致力于公路运输、仓储、国际货代、物流平台建设等业务。总部位于常州市东郊,南邻312国道、沿江高速,北接沪宁高速,交通网络发达。

政成物流拥有各类货车289辆,其中沃尔沃牵引车65辆,总运力达5000吨,年货运量14.2亿吨公里,为电子电器、纺织服装、机械设备、食品、装饰等各行业客户提供从方案设计、货物运输到质量跟踪一站式物流服务。

政成物流拥有省级物流企业技术中心,集30余年专业物流经验和创新研发能力于一体,自主研发TMS管理系统,拥有软件著作权、实用新型专利等知识产权成果25项。近年来政成物流将战略调整、兼并重组、绿色物流、技术创新、管理标准、网络扩张、车队建设等工作融为一体,线上线下结合,重点围绕商业模式创新构建政成物流联盟平台,实现物流专线的集约化发展,被江苏省经信委列为江苏省物流企业转型升级重点项目,2016年列入江苏省发改委首批"百千万工程"培育企业。

政成物流以市场为导向,努力调整经营结构,创新经营模式,积极探索公铁联运,创新物流技术,建立现代企业制度,重视知识产权和品牌建设,得到政府及社会各界广泛好评,被授予交通运输部无车承运人试点企业、江苏省品牌线路、道路运输五十佳企业、用户满意服务明星企业和常州市知名商标、诚信企业、名牌服务企业等一系列荣誉或称号,并于2009年9月通过ISO9001质量体系认证。

2021年7月中旬,课题组来到常州,对政成物流进行调研。政成物流总经理非常有见地地提出了制约物流行业发展的因素,分享了公司未来发展的理念及路径。作为江苏省重点物流企业及省甩挂运输示范企业,课题组去现场参观了智能设施设备、甩挂运输车辆等,并向一线司机了解实际运输过程中遇到的困难。

7.5.2 访谈主要内容

(1) 智慧工业园区

① 项目背景

政成物流智慧工业园区以提质增效和转型升级为目的,致力于解决市场痛点。目前市场的痛点就是货主。货主运营存在以下几个问题:首先,专线物流跟快递不一样,价格是不透明的,每一单货都是一家企业;其次,成本问题,近几年的物流成本越来越高;最后,服务系统不够完善,查货比较困难。不像快递那样可以实时查货,很多还是传统的电话查货模式,这种模式发货查货效率比较低。此外,还存在比如规模较小、经营分散等问题。像夫妻或少数几人单独成行,单兵作战,利润率比较低。经营分散即货源比较分散,周转次数比较多,难以形成聚集效应,同时信息化程度较低,数据不能管控。

基于这些痛点,政成物流智慧工业园区项目提出了降本、增效、提质、创收四点主要目标和方向。

② 项目基础

2020年1月份,公司启动了物流园区项目,总投资3亿元,项目计划2021年底完工。该区域位于常州市新北区的西南面,周边有林家塘木业园、智慧物流中心等项目,也是常州物流的聚集地,具有一定的区位优势和交通条件。投资强度为每亩400万元,税收30万元,基本达到工业制造业的税收投资强度,效益较高。在硬件方面,政成物流智慧物流园与传统物业出租型的物流园区有着本质的区别。首先,该园区入驻的企业是同一品牌,同业务企业都搬到一个园区里面运营,改变了以前那种散乱的局面。第二是各厂商用一个品牌运营,形成良好的对外形象。第三是有统一的系统,用一套系统来进行一个标准化运营,在运营模式上各厂商也是一套流程,最后由政成物流统一管理。

园区里面的设施设备具备智慧化、标准化,形成一个集约化的硬件设施系统,入驻园区的各厂商无须每一家单独配这些设施设备。

园区有统一的软件系统。a.政成风雨系统——客户端系统,这是公司物流从线下到线上转型比较重要的系统。所有客户端分两个端口,一个是货主转发货端口,一个司机端口,货主能够在 APP 上实现全流程,包括发货、下单差价、全程货物跟踪、费用结算、回单传递等,司机利用 APP 可以提供运力,也可以运力接单,这是一个客户端系统。b.合作运营系统,这是公司物流内部的运营管理系统。货收回来之后,物流配货包括库存、签收等相关信息都是通过合作运营系统来实现的。c.业财一体化系统,业财一体化系统就是把公司业务信息按照财务的架构呈现出来,形成财务报表,实时做财务分析。该系统能够实时呈现每一车的单车货配毛利数额,能够实时呈现每个月的经营报表,为园区企业财务决策提供及时支撑。

园区的业务模式是公司网络供应平台的线上模式。整个客户的下单发货全流程都是从线下慢慢转到线上,现在各厂商都已经习惯从线上去做业务,因为线上有其线下不具备的优势,如发布信息、司机接单等,线上相当于是一个平台化运营。同时,园区线路比较齐,公司想打造一站式发全国,通过 APP 平台就能看到政成全国线路的价格,客户可以实时比价,信息比较透明,同时平台也比较方便移动办公。

公司通过 5 个统一的标准、智慧化工业园的模式实现了线上和线下的三结合。a.整个园区集聚化经营。形成了平台分拨网,园区里面的货物统一分拨、统一操作。b.形成干线的班车网。园区将各厂商集聚在一起之后,各厂商的货量可以进行统一分配,加上公司的甩挂模式,在园区里面可以形成干线班车,定点发车,提高中转率和满载率。c.打造终端的集中。利用系统匹配各厂商提货送货,匹配可以实时匹配,可以就近匹配,同一条线路的货,公司可以一起去接回来,这样大大节约了成本,提高了效率。

园区还通过集采方式来降低成本,具体如生产设备叉车、车辆融资租赁、园区的维修保养、司机之家、所有货物的统一投保等,体现了集约化的思想。

③ 发展规划

公司对于未来规划制定了如下目标:a.打造真正的网络管理平台,实现销售额 30% 以上的增长。b.建成常州首个一点发全国的网络专线平台,整合 30 家以上的物流企业在平台上,同时从常州一点发全国的直达专线 200 条以上。c. 推进现有模式的纵深发展,进行甩挂增生发展,最终甩挂线路覆盖率达 90% 以上,打造线上线下一体化的互联网智慧平台。

公司计划用 2020—2022 三年的时间,打造线上线下一体化经营。2021 年,公司的目标中园区产值达到 7 亿元,园区的税收达到 1 500 万元,经营线路扩展到 100 条,经营网点扩展到 260 个。

在产业效益这一块,首先,公司一直在做降本增效,降低包括发货人、制造企业、司机各方、各个环节的运营成本,提升发货企业和运输企业的生产运营效率。第二,资金促进产业创新。因为传统专线物流的模式这几年在转型升级,所以公司线上线下相结合的经营模式也在促进产业的变革。第三,带动周边发展,包括公司服务的客户,为他们做一体化设计。以前许多客户发货有很多痛点,包括送到物流园区成本比较高,或者有的需要单独发空运,通过公司对客户需求进行优化,给他们提供定制化的方案,这其实是一种发布模式,较之前有很大的转变,能够带动整个产业的转型升级。

(2) 提质增效转型升级的做法

① 调研市场

公司是做专线物流的,专线物流跟快递不一样,它的价格是不透明的。从快递、互联网行业角度分析,快递巨头很多已经上市,并经过充分的整合。但从专线物流的角度看,市场还是较为混乱,还没有进行社会化的整合,形成不了规模效应。目前市场的痛点是货主,且物流成本很高,服务上存在查货困难等问题。要做到转型升级,这对货运行业是个很大的压力。以公司为例,假如用快递运输是 30 千克以下货物,快运是 30~300 千克货物,短运单票是 300 千克以上货物。三段不同重量的业务,可能就是不同业务类型企业的问题。实际上物流需要构建运力网络,通过网络的力度来扩展产品的运输范围。

② 比较优势

随着销售体系的变化,公司订单也在发生变化,如订单税率。以前订单碎片化,什么都能保证。现在工厂直接面对客户,单票数量少了。对于大部分的企业来说,需要自己直接面对这些压力。但是反过来看,从大票的角度来说,公司跟大的网络公司相比有一些个性化的优势,如直达优势、时效优势,这可以降低成本。具体而言,园区中每一家公司虽具备一些产品的原型,但它没有规范化,包括产品价格、服务标准等,存在欠缺。公司开发系统平台,把散落在市场上的这些冲突,发展成经济系统,形成标准。从运营的角度来看,需要把规则、责任、指标做好。一个在二三线城市的网络公司,它不可能做到全国直达,肯定要进行中转,再到客户。从公司大票的角度来说,是可以做到直达二三线城市,甚至包括到乡镇。在这个运输过程中,会减少搬动次数或者搬动次数不变,同时减少了管理,成本就降低,时效也就更快了,而且公司是单点对单点的,前端和后端是相当于直线的联系,这一点要求网络公司是做不到的,因此公司可以实现个性化。

④ 线路产品化

公司从产品出发,把线路做成产品化,做成具有市场竞争力的产品。按以前的说法,公司业务包括做城市的货运中心、集散中心、一站式的客户群体等。政成物流也想借助市场上成熟的其他运输通道来扩充运力。比如水运,公司做不了,合作企业把产品提供给公司,公司内嵌到自己主打产品中,从而为客户提供一站式服务。公司尝试过把多式联运做成产品。从2019年开始,公司开始承包集装箱班列,根据过程来打包。其中最重要的是时效服务。目前铁路方面还有一些限制,比如因特殊任务,货场货取不到,还在路途;因火车重新编组,而延误时间等。多式联运不像客运班列那样,是一站式服务。目前铁路也在改革,整体环境很好。

(3) 聚盟平台

未来,公司重点致力于聚盟平台的建设与推广。聚盟平台现有联盟企业12家,网点62个,建有以长三角、珠三角、西南(成都、重庆)地区、东北地区为重点,辐射全国的公路运输网络。公司作为聚盟平台的主要发起单位之一,将聚合并带领全国多家核心城市物流领军企业,秉承"为小微物流赋能、用科技改变物流"的理念,打造中国最专业的大票零担网络运营服务商。

与货拉拉作比较,聚盟平台能够覆盖货拉拉所有功能。如果聚盟平台试验成功,是可以颠覆货拉拉模式,因为货物都在货运公司手上。现在货拉拉、运满满,只是货运公司的工具,但是具体干活还在货运公司,使用者还是货运公司。实际上,货运公司只是从使用者转换成用自己的产品而已。因此,货运公司是最底层的,也是最终用户。

聚盟平台主要发挥聚盟作用,即以一个城市为原点向外辐射,链接各个城市的产品,从而形成一个骨干网络。而前期,在调研中发现,物流产业园在大城市处于一种被驱逐的边缘化状态,有以下几个方面原因:一是从政府角度来说,它的政府投资动力不足,因为占地比较大,地价成本也比较高,但与收益不成正比,所以逐渐被边缘化。二是和产业有关系。产业的附加值高,才能够盈利。而货物比较重,附加值比较低,物流的生存空间很有限。从这个层面来看,实际上是国家与地方的博弈。从国家层面来说,物流是一个基础产业。从地方层面来说,希望资源利用最大化。而物流产业实际上所形成的效果一般。真正来说,假如一个城市能够真正把物流做成基础产业,一个公共的、为本地企业和人民生活服务的基础性产业,物流实际上是可以进行整合,减少土地使用量的。土地价格一直在涨,税收政策各地不一样,对物流产业发展带来了一定困难。

(4) 人才招聘

公司对于一线员工,像司机,主要从社会招聘,但招聘难度很大。对大学生需求较大,但大学生一般喜欢大企业,来公司的不多。物流行业70%都是一线工作人员,像工人、司机、业务员、客服等,都是直接面向客户。在物流公司工作有两种场景,一是办公室场景,一般工作8~10小时;二是货运现场场景,工作时间一般在下午3点到第二天凌晨3点这个时段。货运现场很辛苦,大学生大多怕苦怕累,不愿意干。大学生进入公司后,发展路线其实与其他公司都是类似的,从一线做起,先了解业务,然后一步步晋升到主管再到经理。

7.5.3 小结

江苏政成物流股份有限公司在充分调研物流市场需求的基础上,致力于专线物流运营与发展,并与其他企业形成联盟,全力打造聚盟平台,现在业内已有一定知名度。在聚盟平台未来的发展中,亟待解决以下问题:①因各地政府土地资源、税收政策等不一样,公平竞争的市场环境还未真正形成;②一线员工年龄偏大,缺少不怕吃苦的一线青年人才;③物流产业标准化程度较低,需要加快常用的设施设备标准化建设。

7.6 江苏飞力达国际物流股份有限公司实地访谈

7.6.1 引言

江苏飞力达国际物流股份有限公司(以下简称飞力达)成立于1993年4月,是一家致力于为智造企业提供一体化供应链解决方案的5A级综合物流服务企业,公司于2011年7月在深交所创业板成功A股上市(股票代码:300240)。飞力达经过20多年的发展,目前旗下在国内拥有百余家分支网点,员工3 000余人,管理仓储面积近百万平方米,管理车辆超千辆,构建覆盖全国及境外50多个国家或地区的服务网络。业务领域覆盖汽车及零部件、新能源、电子信息制造、智能制造装备等行业,为众多世界500强企业提供以供应链解决方案及仓配一体化,海运、空运及陆运,铁路运输为主的综合绿色物流服务。2021年飞力达拥有总资产达35.95亿元,营业收入69.55亿元,以持续创新发展荣获"2020中国货代物流民营五十强"第13位、"2020中国货代物流仓储二十强"第7位等殊荣。

作为科技驱动的智造供应链管理专家,目前飞力达拥有高新技术专利5个,计算机软件著作权128项,认证高新技术产品40项。飞力达不断创新和突破自身服务模式,构建以品牌商为核心的供应链生态圈,打造物流协同平台和供应链协同平台,实现整体供应链的计划、资源、需求协同,数据共享。

2021年7月中旬,课题组在飞力达仓管主任的带领下参观了飞力达的仓储,对公司有了感性认识,进而与公司高层继续交流公司发展现状、面临的问题及未来发展。

7.6.2 访谈主要内容

(1) 公司总体情况

飞力达与其他公司不一样,属于复合型的企业。主要表现在:

第一,业务区域广。在制造业或是物流比较发达的地区,如华南、华东、西南、华北等,飞力达都有子公司、客户。

第二,业务类型多。飞力达有运输,包括监管运输、普通运输、城市配送等,涉及陆运、海运、空运;有仓储,包括保税仓储、普通货物仓储等;还有包装。

第三,服务行业。飞力达目前不仅做电子代工业,也涉及汽车行业。每个行业都有其特点,像电子企业,它的配件很多,且非常精密,比如CPU。汽车企业也有它的特点,汽车在整组装厂的时候,就像一个大托盘,把上万配件放流程线上,一辆车就装好了。如果配件一旦错了,如一辆车的左大门和右大门拿错了,整个车组装就要断线。所以,每个行业都有每个行业的特点。而飞力达比较综合,做生产物流或者合同物流,多年来经营多种业务,如报关、货代、仓储、配送等,将这些业务叠加,形成供应链,帮助客户写供应链方案。

飞力达专注于生产物流,为生产制造商提供配套服务。现在制造企业更专注研发与销售,仓库管理将会增加成本,特别是在缺工的情况下,已开始把仓库全部外包。在这样的趋势下,飞力达已深度介入制造企业的生产环节,就是帮助制造企业给生产线直接配料,把物料件配送到工位上,取代了传统仓库备货的环节。物流不再是传统的在场外的物流,已经深入到场内的物流,有些工厂已经没有自己的仓库了。

飞力达的使命愿景定位于数据科技驱动的制造业管理专家。供应链上,如果中间环节越多,时效就越差,沟通的成本就越高。飞力达可以为客户提供一站式解决方案,帮助客户提高实效、降低成本。飞力达的服务链条是非常全面的,甚至延伸出逆向物流市场。比如海外有电脑坏了或者手机坏了,可以退到飞力达的维修中心,维修中心帮客户拆解完之后,进行零部件分类,判别好品、坏品。如果是坏品,直接从 DMI 仓库里调拨过来更换,系统做一些账目处理,这样,能快速修好设备发送出去。飞力达强调数字科技驱动,数据就是数字化科技,就是物流的新技术,帮助制造企业提升他们在物流甚至在供应链方面的数字化解决能力。目前很多制造企业已意识到物流与供应链的重要性,愿意与物流企业合作,对于仓储自动化升级、供应链平台规划等方案持肯定态度,也迫切希望能够实现。但制造企业受资金限制,会要求物流企业出资买设备等。物流业是一个利润较薄的行业,对于物流企业,无力支撑整个方案项目的建设,导致合作中止。

(2) 仓库情况

① 仓库布局及运作

飞力达在昆山市有 16 万平方米的仓储面积,其中保税仓库约 12 万平方米,非保税仓库约 4 万平方米。目前在建仓库 4 万平方米。在昆山市综合保税区关卡里的仓库从事保税业务,主要涉及进出口货物,在卡口外面的仓库从事非保税业务。飞力达的仓库有普通仓、冷链仓、恒温仓,根据业务的特殊性,选择不同的仓库储存货物。

仓库月台根据货物、车辆高度来设计,货车厢体与月台处于同一水平线,方便司机直接装货、卸货。目前飞力达所有仓库均为外包仓库,即所有货物虽然在仓库,但是物权还是属于供应商,仓库的管理费用由供应商来承担。供应商下游客户把货放在飞力达仓库主要是因为方便,能够快速的响应生产需求。这是因为:第一,如果客户的供应商在全国各地甚至海外,不可能满足其生产需求。第二,客户每次采购物品不可能按照其功能需求去买,肯定会做批量订单,否则运输费、报关费会很高,成本会很高,供应商不会同意。客户买回来的物品入仓后,需要承担这部分采购货物的成本,此外还要管理,需要有仓库、人员,这对于客户都是成本,所以客户通过外包的形式来减少一部分开支。另外,客户与飞力达签订协议,满足2小时或4小时的服务时效,以快速地响应客户生产需求。

飞力达是从电子产品开始起家的,做的电子产品比较多,现在也涉足汽车行业、精密仪器行业。电子行业现在已经进入了高峰期。每年行业会有两个高峰期,6~10月是一个高峰期,年底一般会有第二个高峰期。电子厂基本上是24小时不间断的生产,因此飞力达白天接的订单,客户晚上生产用,晚上接的订单,客户第二天白天生产用。

飞力达有普通仓也有自动化仓。自动化仓里面存放的主要是电子器件,包括机构件、组装件、精密SMP材料、电容电阻、RC等主板上的关键材料等。自动化仓里的运作通过看板进行管理。看板上有很多信息,包括所有关键设备的效能信息、每个时间段收出的业务量信息、现场人员效率信息等。

飞力达也尝试着做无人仓,确切地说是做少人仓,做不到无人仓,即从原来的多人作业变成现在的少人作业。无人仓的要求很高,需要产品非常标准才能真正做到无人化。比如烟草等,因为产品非常标准,在无锡的苏烟仓库,全部都是无人库。但对于飞力达这样的第三方物流来说,想做到标准化是很难的,因为上游下游都是客户。

② 自动化立体库

2018年,飞力达建了一个自动化立体库,是飞力达的第一代仓库。目前在飞力达重庆公司做了一个2.0版本的立体仓库。立体库整个面积是3 000平方米,库内大约有1 500平方米的存储面积,库外是1 000~1 500平方米的功能区。库内没有员工,员工主要在库外工作。以前飞力达投入的人力比较多,建的是阁楼式货架,有三层,需要人爬上去才能卸货,这样成本很高。实现自动化、智能化的前提必须要标准化,飞力达现在已经有142家客户,每家客户的箱子大小不一样。但是客户不会为飞力达去改变包装方式,因而飞力达设计了能满足各种客户需求的标准箱。

立体库中有感应条码的摄像头,当流水线感到箱子之后,这段流水线会启动开始运送货物。流水线是分段的,这一段工作完后,它就停下来,另外一段感应到再启动,这样的目的是最大化的节约用电。

立体库中建有入库线及回流线。由于库中有2万多个空箱,地面没有足够空间放置空箱,飞力达把这些箱子都放在线上,让流水线自动识别哪个是空箱,哪个是实箱。需要用到空箱的时候,那么流水线自动补给空箱。

立体库中有两套系统。第一套系统是主系统,即 WMS 系统,还有一套系统是调度系统,即 WCS 系统。WCS 系统所有的指令来源于 WMS 系统,即 WCS 系统记录箱子存放点,WMS 系统记录箱子中货物信息。两个系统功能不同,但是信息需要相互关联。WMS 系统由飞力达自主研发,WCS 系统通过购买集成商系统进行集成。

③ 未来新仓

飞力达在建的一个 4 万平方米的新仓,是为华硕做的全球备件中心。华硕的全球备件都是从飞力达仓库发货。新仓会投入自动化设备,以减少人员,提升出货的精准度。目前仓库已经建好,正在上自动化的设备。

④ 增值服务

由于飞力达上游客户的标签不符合下游客户标签的需求,飞力达会替客户换标签,以满足需求。此外,还有产品包装。目前换标签、包装仍采用人工操作。飞力达考虑过通过机械手臂自动去抓取货物,自动收回货物。但是客户产品不标准,箱子大小不一样,卷盘大小不一样,厚度不一样,目前无法自动实现换标签、包装。

(3) 货物运输

飞力达接到客户订单进行送货,公司有专门的配送部门负责调度。部门会根据订单的状态安排车辆到仓库提货,不用担心货物是否备好,车什么时候来,会有专门团队负责。

对于出口,飞力达不负责具体出口事务。当客户有出口需求时,其贸易条款很大程度上是 EXW 条款,飞力达能做的服务是从昆山到上海的报关或者运输。跨境运输、海运、空运、陆运都有,但海运占比较大。

(4) 包装

飞力达对于货物的包装正在做改造。很多传统纸箱其实可以循环利用。飞力达也在考虑用一些好的解决方式去提升利用率。像用循环包装材料进行打包,给循环包装贴条码进行管控。

(5) 物流地产

由于物流用地的产值不高,往往得不到地方政府的重视。但是物流、供应链是流通体系中非常重要的内容,其仓储、运输、配送等智慧程度的高低极大地影响着制造业的转型升级。而无人仓、自动化立库、机械臂、AGV 小车、货架、分拣系统等这些仓库、物流设施设备都需要较大的空间来系统规划。

(6) 解决供应链堵点建议

供应链上角色很多,有供应商、制造商、代理商、客户等,整个供应链是一个网状结构。供应链运作过程中若不出现堵点,这需要协同。首先地方政府需要做流通规划,包括公路、铁路方面的基建规划、水路规划;大交通进行整合,有机融合,发挥多式联运的功效。其次,建标准打通壁垒。第三,通过智能算法,规划最优路径。

7.6.3 小结

江苏飞力达国际物流股份有限公司致力于数据科技驱动下的制造管理,在发展过程中面临着如下问题:①物流业利润薄,拿地难,物流地产发展受限;②多式联运有效性不高,公路、铁路、水路、航空协作不畅;③纸箱回收率不高,循环包装推进难;④与制造企业合作,受资金投入困难,难以合作成功。

7.7 中车戚墅堰机车车辆工艺研究所有限公司实地访谈

7.7.1 引言

中车戚墅堰机车车辆工艺研究所有限公司(以下简称戚墅堰机车公司)创建于1959年,位于"长三角经济区"——江苏省常州市,是中国中车股份有限公司下属的核心企业。戚墅堰机车公司是中国轨道交通装备基础材料、基础工艺、基础零部件的专业研发机构,是我国轨道交通关键核心零部件研发及产业化单位,是国家技术创新示范企业、国家高新技术企业。目前戚墅堰机车公司不断地进行资源开掘、市场开拓,用户服务向世界延伸,努力打造成高端装备关键零部件及集成系统解决方案的国际化企业。戚墅堰机车公司目前正在进行四大转型,即产品由零部件向系统集成跨越、市场由以国内为主向全球市场拓展、产业由制造业向"制造业+服务业"转变、经营模式由产业经营向"产品+服务"和"技术+服务"转变。

2021年7月中旬,课题组来到戚墅堰机车公司,公司总经理、国际部负责人、采购部负责人、供应链部负责人、外协负责人、运营部负责人、人力资源部负责人对公司总体情况及各部门运营情况进行详细介绍。

7.7.2 访谈主要内容

(1) 总体情况

戚墅堰机车公司的业务包括大铁路、汽车行业零部件、风电等。对于大铁路这一业务,目前,铁路总公司需求偏少,2021年上半年高铁订单量没有释放出来,预计要到8月份。即使8月份有订单,估计也要减半,甚至有可能减掉80%、90%。从集团铁路规划来看,集团建设工程基本完成,需求到了一个拐点,未来新建工程会很少。考虑检修问题,因检修有周期性,加上一些新产品的典型维修期,检修工作量会上升。另外受疫情影响,从2020年开始,流通少了,人员出行少了,新建工程少了,修理业务量也少了,以前仓库里货的存量还有不少结余,2021年不需要生产很多,在大铁路这方面是亏损的,且亏损量比较大。

2020年戚墅堰机车公司的主要利润来源于汽车行业零部件与风电这两块市场。2021年的形势比2020年更严峻。从经济总量来讲,2020年的汽车零部件销售的总量不如铁路,但是从利润的角度来讲,汽车零部件销售利润排名靠前。2021年,汽车零部件销售会有所回落。据了解,2020年客户提前抢订了很多汽车零部件,目前还有很多零部件没来得及装到产品上去,因而现在客户的需求有所控制。

(2) 国际贸易

戚墅堰机车公司出口产值占总产值的比例约10%。2021年,出口业务高速增长,1~6月外贸出口同比增长50%,与2019年相比,增长了40%。目前,疫情已得到缓解,与国际经济合作频繁,国际需求释放速度加快,预计2021年全年出口业务增长30%左右。尽管出口业务增长,但在合作中也出现了一些问题:

① 客户成本增长

中美贸易摩擦对公司没有产生直接的影响,但是对客户的心理产生了间接的影响。目前所有出口美国的产品都征了25%的关税,这部分费用是由客户承担的,给客户造成的心理感觉是被迫支付了25%的额外关税。

② 集装箱难求

戚墅堰机车公司与大部分客户的贸易模式是FOB。在这样的贸易模式下,所有的税都是由客户来承担。从2020年上半年到现在(2021年7月),出现的一个非常严重的问题就是国际物流集装箱短缺问题。集装箱海运费用平均比2019年上涨3倍以上,美国航线上涨了6倍。2019年,一个40英尺的标准集装箱从中国港口到美国东海岸的运费是 13 000 元人民币,而现在已经涨到 10 万元人民币以上,关键还订不到集装箱。货代陈述了一个事实:2021 年 6 月,只有两艘集装箱船在上海港停靠。其原因不是因为苏伊士运河的堵船,这只是一个意外,事实就是从苏伊士运河堵船开始到现在,集装箱难求。究其原因,在中国进出口业务中,中国远洋海运集团这种国家队的集装箱船只占到了一小部分,而中远这样的集装箱一般货代是拿不到的,所以主要的集装箱是靠日本、希腊、德国这些海运比较强的国家或地区,由这些国家或地区的航运公司来提供集装箱船,是这些公司减少了中美之间的集装箱船的投放。集装箱、货船的短缺也导致了中欧班列运费的上涨,中欧班列在苏伊士运河堵船期间的运费涨价程度已经快接近空运了。国际航线大部分是国外控制,我国在这方面话语权较少。中美贸易战开始后,在特朗普时期发生的严重影响,直接来说就是加征了 25% 的关税,但从目前来看集装箱的短缺严重程度超出了船的短缺。举两个例子说明:

a. 运往美国

例如戚墅堰机车公司与美国一家公司有合作关系,为对方提供高尔夫球车的配件,采用 FOB 条款。客户找货代,货代组织集装箱到卖方(公司)。面对缺箱情况,公司、客户、货代进行积极沟通,货代和客户都同意高价拿箱,成本由客户承担。具体而言,公司先与客户、货代沟通,本周发多少货,客户的货代再在上海港拿舱位,拿到后,公司需要负责从常州到上海之间的物流,这些物流费用由客户支付,然后公司再与货代沟通,货代进行刷箱。刷箱是港口集装箱紧缺的时候,平台会不定时补充集装箱,这个过程需要不停刷新后台及网页。刷到集装箱后,再与公司约定时间来装货。在公司车间里装货之后,封箱完毕到上海港出口。到了美国,通过卡车运输到客户指定的第三方仓库,类似于海外仓,客户支付仓储费用,从指定仓库进行提货。

整个运输过程,在物流体系上有几个比较薄弱的环节:第一,海运的运量大部分是外资控制,中国无话语权。第二,海外仓问题。中国有很多跨境电商,但海外仓很少,绝大部分海外仓是亚马逊的。中国的海外仓不成熟、不能构成网络。海外仓一定要形成网络才有效果。特别希望能够有诸如中远集团之类的大企业,能够拿下海外的港口、建设网络化的海外仓。第三,成本问题。这里的成本除了海运保险的问题,还有很多其他问题。例如货到了目的港后,清关过程也是控制在当地企业中。清关快慢与国际形势也有很大关系,如果国际大环境是宽松的,清关会比较顺利,如果比较紧张,清关过程往往很长。

b. 运往欧洲

威墅堰机车公司与欧洲客户的货物运输有两种方式：一是海运，二是中欧班列。正常情况下是通过海运进行，路线大致是从上海港发出，经过苏伊士运河，最后在德国上岸。在非正常情况下，可以选择中欧班列。目前中欧班列比较完善，可以选择就近发货、就近上车，运输时间大概10天，费用比海运贵，比空运便宜。另外，还有一种新方式——卡航，即通过卡车直接将货物从中国运到欧洲。威墅堰机车公司没尝试过通过卡航进行货物运输，据了解卡航的费用比中欧班列更贵，约是空运的75%。相比海运，中欧班列是一个非常好的尝试，可控权在中国，但与海运一样，舱位紧张、短缺。同时，中国在欧洲的海外仓建设也比较弱。但是眼下最急迫的要解决海运"一箱难求"问题，很多企业一个月都拿不到箱子，中小企业不敢高价拿箱子。根据以往数据，国际贸易正常应该是一周一个柜子，现已经降到了一个月两个柜子，甚至一个柜子，形势相当紧张。

也有特殊案例，没有一箱难求的情况。比如威墅堰机车公司给全球最大的涡轮增压机厂家提供的汽车零部件。汽车零部件出口有集装箱、有船，但是比正常情况需要提前一两周来定，这是delay（延误）。因为是大客户，采购量到了一定程度，可以包下整个船队，船就为其专属服务。

在一箱难求的情况下，如果把海运改为空运，也面临种种问题。在苏伊士运河堵船期间，整个上海浦东国际机场爆仓了。威墅堰机车公司寻求UPS，UPS不接业务，即使送至UPS，也会出示警告，告知不能保证准时送达。正常UPS到美国是3天，那段期间用了10天。所以整个物流体系，除软件、平台做得好之外，更需要飞机、船等硬件设施作保障。

一箱难求的原因不在于集装箱少，而是因疫情原因造成美国堵港，所有美国的港口卸货装货特别慢。按照以往正常情况，中国的船从上海出发到美国卸货，卸完货，装上美国货物回中国。但是，美国疫情后，货物产出少了，运回中国的货少了，空集装箱大量堆在美国港口，形成堵港。这个问题不仅仅是美国有，连尼日利亚也有这样的问题。空集装箱堆在港口，到达港口的船堵在港口等卸货，有时长达三个月才卸货。疫情之下，全世界只有中国在生产，其他地方不能正常生产，对船运公司来说，从经济角度考虑，为了不亏钱，减少船的班次，即使港口爆仓，也要保证回程里集装箱中有货。集装箱供需的极端不平衡，致使集装箱价格涨了6倍。这又出现了新情况。船运公司算了成本，发现即使运空箱子回来，都是赚钱的。

③ 金融兜底政策不完善

举例来说,一般做出口都有海运保险,我国是有很多保险公司提供海运险,但保险公司提供的海运险的保费比日本的贵得多,是日本的5倍左右。日本的海运险为什么便宜？那是因为保险公司采用再保险方式降低了费用。而中国的再保险公司只有一家——中国再保险(集团)股份有限公司,是财政部和中央汇金投资有限责任公司发起设立的,费率降不下来,所以海运保险和再保险也比国外贵。

⑤ 美国遏制

美国对中国企业有针对性的遏制行为是非常明显的。比如2020年底,美国把中车集团列为军控集团,军控清单虽然没有达到对实体清单的管控程度,但是对客户会有影响。2021年8月,中车集团有可能不在清单内了,但对客户未来会不会再合作还是会产生心理影响。

面对上述这些问题,戚墅堰机车公司首先要苦练内功,产品走高端化,走集成化道路。其次,主动降低对美国市场的依赖。戚墅堰机车公司出口业务在最高峰时,有70%的订单来自美国,现在已经控制在30%以下。第三,拓展贸易模式。不再局限于FOB、CIF、DAP等方式也在尝试进行。

(2) 采购

从整个采购物资分类来看,戚墅堰机车公司大部分采购的是新铁废钢铁合金的材料,另有一些铸造的材料。此外,也会采购高配产品的配件、定制件等。戚墅堰机车公司采购模式主要采取两级集团模式,采购部门列出物资采购清单,筛选在整个中车集团范围内通用的物资,剩下的物资开始采购,由企业自己投入,投入占比大概是10%。

戚墅堰机车公司原材料、零部件进口是通过货代来开展工作。在2020年疫情时,工作受到一些影响,但是从2020年下半年开始,基本上恢复正常。目前在采购模式上,准备采取客户负责制,主要是负责进口清关、合同等事务。

(3) 物流

戚墅堰机车公司目前大部分销售是在国内,中车公司目前没有公司内部车队,所有发运的物流委托第三方进行。比如集团公司与第三方物流新东方经谈判签订协议,集团公司可以在运输平台上提出需求,新东方根据需求进行装车、发货,集团公司利用平台追踪车辆运行状态。另外,2018年,戚墅堰机车公司也考虑建设仓库,这是中车物流规划中的一部分。利用一些闲置场地作为整个常州地区中车公司的仓库,形成集散地,便于收发货。通过成立品牌,在仓库内进行独立包装,做到储运包装一体化。目前中车公司内部的一些产品,已采取循环包装的方式来提供包装箱。

(4) 供应链管理

在供应链管理方面,注重供应链的稳定性及低成本性。目前戚墅堰机车公司的供应链是较为稳定的。市场上采购的零件具备通用性,主要的目标是为了降低成本,不存在供应方面的风险。另外,戚墅堰机车公司的一项重要任务是培育供应商,通过投入、帮扶等方式,优化供应商的合作模式。到目前为止,现已完成 11 家战略公司的调整。

在供应链上,国内采购不存在问题,一些进口零件、原材料的采购存在一些瓶颈。2020 年开始,应生产需求,在一些关键技术的零件上做一些战略储备。目前,这些工作已基本到位,可以满足继续生产的需要。

(5) 生产工序

戚墅堰机车公司产品生产工序很多,因受整个大宗物资的涨价,生产工序这方面同样面临降低成本问题。在技术层面,进行产品新技术研发,优化工艺;在管理层面,按项目进行管理,汇集整个价值流图,分析能提升效率的环节、减少浪费的环节,整合整个链条,做结构优化;在合作层面,向供应商做宣传、提要求,因为工序是一条链,一环扣一环。与供应商之间的联系是通过产品流转进行,目前没有通过软件控制整个物流过程。数字化平台也是未来推进的重要内容,目前正在与大供应商合作做数字化平台,把涉及的重要产品,按照价值流图,绘制整个物流、信息流图,识别关键点。另外,在生产上,国家出台了环保标准,环保投入的加大也使成本急剧上升。环保对成本的影响是最直接的、最大的。

(6) 产品定价

对于原材料价格上涨,不一定抬升最终产品价格。在签订合同时,会有一个材料和汇率的调价机制。比如,戚墅堰机车公司跟客户之间有协定,原材料涨价超过一定比例后,超出部分各负担一半等。虽然戚墅堰机车公司归属中车集团,但接集团订单,也是需要协议的。往往有时供货给集团,产品生产出来了,但合同还在谈判中,产品价格不涨反降。

(7) 企业运营

2020 年,戚墅堰机车公司营业收入大概是 43.7 亿,规模净利润同比增长幅度不是很高,主要是受到疫情的影响。从利润结构的角度来看,汽车、风电新产业第一次超过了铁路业务。从 2021 年上半年的情况来看,比 2020 年的经营压力更大。其原因包括：第一，铁路市场持续处于过渡期，2020年下半年虽有增量，但受宏观调控，2021年上半年需求较少。第二，2020年新冠疫情期间，国家出台了减税政策，戚墅堰机车公司大概减税2.66亿元。第三，原材料成本上升。2021年上半年的经营完成情况不及预期。

为此戚墅堰机车公司开展以下工作：第一，标准化工作。从设计角度看，公司的产品是一个部件型的产品，主要的技术规范不是由自己决定，这与上游的技术来源有关。想要产品构件彻底变化，非常难，因为铁路的准入制度非常复杂，门槛比较高，有各种各样的控制限制。第二，加强产品链上的环保工作。在产品链上有很多外来产品，提供这些产品的企业规模并不大，如果要求环保达标，这些企业的成本会大幅增加，甚至面临倒闭风险。如果有可能，地方政府是否可以集中建产业园，统一配齐环保设施设备，吸引中小型的企业入驻。一方面能够建立起产业体系，另一方面也可以降低中小企业的成本。虽然目前地方政府规划了一些产业园，但园区很多大楼处于闲置状态，企业还是喜欢在海边、江边，以降低运输成本。

（8）数字化平台

戚墅堰机车公司的数字化主要体现在系统和硬件上。硬件主要体现在机器替代人，软件主要体现在信息系统。在生产流水线上，通过智能化、机械化的机器人来代替人工作，如打磨工具，这是人工做不到位的。从招工情况来看，江苏本地厂家很多招的都是外地工，现在人工工资高了，也难招了，特别是新冠疫情期间，外地人无法进厂，制造工具就变成瓶颈，所以在制造工具环节使用机器人，并进行流水线改造。从投入资金来看，如果从设计到整个工艺再到现场，整个串起来实现信息流畅通，软硬件资金投入是非常高的。

戚墅堰机车公司也在做数字化车间，但相对工人车间来说，数字化车间还是少部分。除了数字化应用于生产制造过程，还有用于业务上，即经营管理过程，但需求度不大。从制造部门控制来讲，还是特别需要给人创造好的工作环境，解放生产力，解放工人劳动。戚墅堰机车公司是国有企业，在劳动关系、劳动合同这方面执行得非常好，很多都是按最高标准执行，这是很多企业很难做到的。这样的高劳动力成本也迫使戚墅堰机车公司要提高竞争力，在技术、产品中体现竞争力，保持行业前三。

（9）人力资源

目前戚墅堰机车公司大概有3 000多人，50%是一线的技能操作人员，25%

是研发人员，25%是管理人员。每年在人员需求上，比如每年的技术管理岗位，需要在9月份去各大高校招大学生，大概50~80人。特别想招好一点的高职大专院校的学生，相对来讲专业技术比较扎实的，也有一定理论知识，但实际上非常难招。现在更多的是与一些高校开展实习合作，通过实习来留人，但是事实上真正留下来的大学生非常少。目前戚墅堰机车公司招聘的很多一线人员都是四五十岁的，这些人是愿意到一线干活，但很多年轻人是不愿意的。每年一线操作员工招聘越来越难。2019年，招聘的70%以上的研究生从事技术研发。目前大学生也越来越难招，2010年招聘的985、211高校的学生占90%，这两年下降到50%。同时，以前招100个人，面试时可能500个人就能满足需求，现在需要面试更多人，因为好多大学生在进公司之前就违约了，特别是对大学生来讲，现在社会就业机会太多了。这几年，很多人愿意去干服务业、快递业，因为在工厂里，工作环境固定，时间有规律性，公司要求8个小时或是12个小时都要在公司上班，很多人不愿意，还是愿意干服务行、快递业，比较自由。戚墅堰机车公司也有一些对策，如机器人，但机器人也需要维护，人才还是短缺的。目前国家正在进行职业教育改革，这是非常好的方向，需要再加快点速度，让技术工人觉得在企业有地位，待遇有保障，又受人尊重。年轻人比较自我，觉得在公司工作不开心了，就不干了。另外，学校培养学生要跟上时代步伐，所学知识需要与社会、企业接轨。在信息化技术迭代非常快的时代里，学校的知识也要不断更新。

在党、工、团、行政各方面大力支持下，戚墅堰机车公司内部人才培养有一套六位一体的培训体系，有培训中心，有培训技术服务，也面向其他企业做培训。在常州的北郊、北京的交通产业创新中心，专门开辟了教室，输出公司的技术服务。江苏省也把戚墅堰机车公司培训服务作为一个示范在推广。

与高校的产教融合，从现实来看，还未真正落地。在合作中，有大学快毕业的学生、有研二研究生进入公司，做项目合作、科技开发。有时项目开发结束后，学生会留在公司工作。如大连交通大学，材料工艺专业和公司业务对接比较好，这个专业的设置就像是为公司量身定制的，公司很多员工都来自那所高校。如此，尽管本地高校像常州市的一些职业技术学校，做的也不错，但是真正和企业对接很好的本地高校很少。

7.7.3 小结

中车戚墅堰机车车辆工艺研究所有限公司发展历史悠久，在保持铁路业务的同时,向新能源、汽车等业务方向发展。受国际不确定性环境影响,戚墅堰机车公司从原材料采购、产品生产、产品运输全过程中出现了如下问题:①海运缺集装箱、缺舱位,国际航线大部分是国外控制,我国在这方面话语权较少;②海外仓建设薄弱,网络化布局未成体系;③生产链中,因产品需要链上不同企业共同完成,生产物流成本较高;④产业园区功能未凸显,产业聚集效应不强;⑤数字化平台推进缓慢,投入成本高、缺乏维修人员;⑥招工难,特别是技术技能型人才,即使提高薪水,也很难留住人才。

7.8 汉达精密电子(昆山)有限公司实地访谈

7.8.1 引言

汉达精密电子(昆山)有限公司(以下简称汉达精密)创立于1999年,是业内少数具备世界级设计暨制造能力的专业机构零组件供应商,拥有服务国际大型客户的丰富经验,包含国内外知名品牌客户及OEM/ODM代工大厂。

为扩大制造实力和服务范畴,汉达精密近几年开始透过企业合并综效来创造优势。2007年汉达精密与我国台湾地区上市企业神基科技正式合并,以雄厚的财务能力和电子产品研发实力作为后盾,为客户提供更完整的机电整合解决方案。2009年,汉达精密投资全球第三大镁铝合金厂——华孚科技股份有限公司以及华孚精密金属科技(常熟)有限公司,进一步奠定了汉达精密在轻金属机构件领域的制造实力。

汉达精密主要业务为机构零组件的打样、模具设计、开模、塑胶射出、金属冲压、涂装、印刷及后段组装;可提供从模型到量产完整的机构解决方案。产品应用范围横跨4C类别,包括:消费型电子产品、电脑产品、通信产品及汽车产品,不管是大量生产还是小批量生产,汉达精密均可以依据客户不同的需求,制造全方位定制化的产品,提供给客户完整设计实力、快速制造能力与有效率的客户服务。

在创新方面,汉达精密的RHCM(高温高速成型技术)以不断精进的技术,获得许多国内大型OEM/ODM厂商青睐,是目前资讯产业界中应用RHCM制程技术最纯熟、应用范围最广的机构件厂商。同时,在轻金属机构件方面,亦拥有业界唯一的半固态射出成型与压铸成型等镁铝成型双项制程技术。

汉达精密秉持以客为尊的信念,将持续提升产品的附加价值,为客户提供最优质、最值得信赖的产品和服务,努力成为机构件产业技术创新的领导者。

2021年7月中旬,课题组继中车戚墅堰机车车辆工艺研究所有限公司调研之后,又对汉达精密电子(昆山)有限公司进行调研。双方就汉达精密的供应链、物流、生产、人才需求、校企合作等方面进行了交流。

7.8.2 访谈主要内容

(1) 供应链

在供应链上,新冠疫情对国内采购影响较小。据数据显示,2021年汉达精密采购基本没有问题,不受影响。对国内采购影响较大的是塑胶和金属材料之间的价格差异。但原材料进口供应仍然存在较大影响,主要是海运。关键零组件难以从海外进口,海运运费的价格一路走高,一箱难求且时效性差。经测算,有些关键零组件运输成本海运甚至不如空运划算。

(2) 生产线

2010年,汉达精密成立了自动化中心,且组建了相应团队,开始做自动化技术攻关。从2010年到2021年,一直持续在技术攻关。车间目前暂未实现完全自动化,但尽量用机器替代人工以降低人工成本。车间的设备操作人员只需要掌控一些基本的操作知识,汉达精密真正需要的是高层次运维人员。

(3) 生产

2006年,汉达精密开始在越南设厂,主要做塑胶冲压和压铸,大约有2 000名员工。越南目前有两家工厂,都是千人规模。其中一家工厂产品为外向型电子性消费产品,主要以塑胶为主。另外一家工厂,主要是做汽车零部件里面的压铸。在压铸方面,汉达精密在亚洲大概占有40%的市场份额。越南人工成本低,社保、公积金、交通等方面的优势大于中国大陆。

目前汉达精密有转移生产基地的打算,准备由沿海转向西南地区。主要是因为:一是客户慢慢向西部地区转移,西部地区市场增大,市场需求格局发生变化,汉达精密会选择接近客户的区域设厂;二是政策导向,国家对西部政策支持力度大,税收有优惠,人工、运输和土地的成本比沿海地区低。

(4) 物流

汉达精密采用第三方、第四方做物流业务,确保物流安全性,如与YCH物流开展合作,签订中国人保物流责任险条款等。对于物流外包,采用的策略是三家比价,半年做一次比价,签订一年协议。在价格上涨的情况下,签订协议后,服务不能随便更换。汉达精密长期与三家物流企业合作,利用物流企业的信息平台,查询跟踪物流信息。在中国,以公路运输为主,汉达精密的客户基本分布在重庆、成都周围,有时客户离汉达精密的厂区可能只隔几条马路,直接用卡车送给客户就行了。一般不走水路,除了客户较近之外,汉达精密产品是少量多样化,需要快速响应客户市场。汉达精密目前每月的出货量很多。每天都有100~200个客户点需要送货,每个客户点都是用5吨的卡车来运输。一般客户有需求,才送货,基本无中间周转。

出口到越南的货,主要是委托货代,通过海运运输。汉达精密也面临一箱难求问题,出口到越南,很多箱子堆压在港口,因为卸不了货,导致空箱子紧缺。对于海运,目前主要集中在我国台湾地区。汉达精密原材料中的一些关键零部件主要从我国台湾进入内地,用标箱装货,通过海运运到公司。

(5) 疫情对公司的影响

新冠疫情暴发以来,汉达精密真正受影响是在2020年春节之后。汉达精密在2020年2月14日复工,在复工前的停工确实造成了一些损失,但是全月仍有盈利,没有亏损。那时汉达精密虽然没有生产,但是有很大的出货量。但复工面临的一个非常重要的问题是招工难。因为新冠疫情,全国很多地方封控,而公司很多员工都在老家,难以回公司复工。疫情防控事态严峻,要招人到企业,必须隔离满14天。因此,招工分为两种情况:一种是招到的员工14天内不能上岗,公司需要找地方给他们住,每天给他们送饭;另一种是花高价雇佣隔离结束的人员。面对这种情形,公司人尽其用,把办公室的员工都拉到生产线上去做产品,主管经理都去生产线上干活,从而减少了招工压力。

(6) 政府支持力度

① 昆山市政府办事效率高

昆山市政府的办事效率很高,真正是以目的为导向来做事情。只要企业提出需求,政府肯定会尽心做好。企业来昆山投资、在昆山创办公司,商业合同9天内就要交到政府手中。在投资竞争上,政府如果做协调的事情,基本上都能达到一个较好的管理结果。政府也会主动打电话问企业存在的困难、面临的难题,如何解决,需要政府做什么、建什么,企业做什么,政府与企业双方进行配合,问题、难题很快就会得到解决。前面面对招工难这一问题,昆山市政府帮公司定好办法,给公司买机票、给公司订酒店,公司只需跟着政府去到当地把人招回来,政府也提供给企业很多免费的资源。现在,政府也在变化,有一个很明显的变化,就是通过招商局来接纳企业,为企业办事。昆山市政府办事效率是值得所有地方政府来学习的,是一个典范,企业想得到解决的问题,在合法的前提下,昆山市政府都会尽力帮企业去解决。

② 昆山市经费补贴力度大

政府服务,如海关方面的帮助非常多、非常大,简化了很多流程,提供一些便利措施。科研方面,政府也有一些优惠政策,但有前提,要求企业的科研经费要达到营业收入的3%。目前企业在做项目分类,来提高科研经费的投入,让政府认可这个3%,从而可以申请到65万元科研经费。在补贴方面,高新技术企业每年如果有一些科研成果,政府也会给予支持。在2020年六七月份的时候,昆山市政府投了200多万元补助经费,减轻了企业压力。昆山市政府在公司有困难时,会想尽各种办法协助解决。

(7) 公司人才需求

汉达精密主要需要两方面的人才,一是机械人才,二是电控人才。机械人才要会机构设计,即产品整个形象如何设计,如何实现。电控人才要会写一些程序实现机器动作,能够达到公司需要的目的。在面试招聘时,汉达精密会考面试者高等数学、写程序控制、写算法。其实质是通过这些题的解题过程去了解面试者的逻辑性。

汉达精密每年都做应届生的招聘,发现毕业生是越来越多,但是公司在招人的时候,难度也是越来越大,公司也做了一些数据分析。比如2021年满18周岁的劳动力大概有1 200万人,但是其中有1 000万人上了各种大专院校。对于企业而言,剩下的200万劳动力中的优秀者是可以招聘进公司的,但也不一定。公司在之前做过很多大学生的面试,有些大学生可能认为自己有专业优势,应该与其他专业学生有区别。但是从公司角度而言,都是做产品,公司在招工时没去细分,后来筛选出20个专业。

在工资方面,现在汉达精密生产线的作业员工资很多都比办公室管理人员的高,因为作业员与管理人员付出的时间不一样,作业员要加班,付出的辛苦程度也不一样。这是一个社会发展的形态,未来一定会朝这个方向走。目前汉达精密没有直接面向办公室的工作岗位。办公室管理人员可能下午5点就下班了,作业员要到晚上8点才能下班,多做了3个小时,每天大概12个小时。所以,员工的工资是根据公司制度定薪资。

(8) 校企合作

汉达精密与江苏省外一些专科院校有长期合作关系。汉达精密如果想招到理想中的学生,需要提前布局,所以在学生大二时,公司就会去学校招聘,了解有意向的学生,也会通过一些考试,挑一些有潜质或者有意愿来探讨工作的学生。公司在学生大二时会把挑出来的学生进行组班,这个班的学生不一定都来自同一个专业,可以是跨专业组班,辅导员会把这些学生共同闲暇的时间利用起来,确定具体的时间,将他们组织在一起,公司派工程师到学校去授课,学校老师也会利用假期时间来公司实习,看公司的运作,看公司的需求,老师回校后调整教学方案。老师的教学方案是针对学生在大三上学期进行知识强化,把公司需要的一些专业知识进行系统梳理,回到学校传授给学生。在每年12月份,学生陆续来公司开始就业。对于实习,在暑假期间,如果有学生愿意来,公司提供平台,会给学生提供基本生活费,提供宿舍,在公司学习。而每年12月份学生来公司,就是真实的就业。

现在昆山市在大力推进政校企合作。政校企合作流程首先是公司写申请,向市政府申报优秀的合作院校,推荐这家学校,然后市政府去合作学校考察,确认学校的定位、合作的批次、人数、优秀学生等。目前昆山市政府总共投入600多万元在校企业合作上,学校以大专院校为主,分布在全国各地。

昆山市的政校企合作前身是百校联盟,即昆山市政府会牵头去找很多合作的学校来与政府、企业达成合作。百校联盟一般这么开展:首先进行表彰,领导讲话,然后是学校、企业自由对接的时间。企业有一圈展台,可以张贴海报、放名片等一些资料,同样,学校也有一圈展台,双方自由交流。公司想跟哪所学校交流,可以跟对方交换名片,学校也是如此,看到哪个企业,可以去换名片、换资料。这样,双方对接起来,政府牵头搭了一个平台。校企之间是否合作以及合作细节,后期再沟通。这个平台有很多企业参加,对人才的需求很大,也吸引了很多学校参加。

(9) 产业升级

昆山市政府正在推动产业转型升级,许多千人规模的工厂都往内陆搬迁。有企业撤走,也有新企业进来,不断地进行招商,产业整体结构也在变化。比如苏州园区,基本上化工企业全部都搬至内陆,园区目前主要是生物医药、人工智能等创新型企业。只要有几家企业上市,整个产业配套会快速形成。昆山市政府一直在做产业转型升级。昆山市有个咖啡创新产业园,是对进口过来的原料做深加工,销量非常大。同时,也在积极扶持装备制造、科技研发、生物医药、食品制造、电子信息等产业,做转型升级。

7.8.3 小结

在与汉达精密电子(昆山)有限公司领导进行充分交流后,汉达精密发展需要解决如下问题:①海运缺少集装箱,拿不到空箱;②疫情期间招工非常难,特别是技术技能型人才;③因江苏较为富裕,人力成本较高,很难招到本省应届毕业生。

7.9 昆山利韬电子有限公司实地访谈

7.9.1 引言

昆山利韬电子有限公司(以下简称利韬公司)成立于 2005 年,是美国力特集团在昆山的工厂,坐落于昆山综合保税区 b 区中央大道 389 号,总部美国力特集团于 1927 年在伊利诺伊州芝加哥市正式成立,现在全球有 15 个分公司,目前为止,力特集团在全球的员工超过 1 万名,主要的产品为电子类、汽车类和工业产品。力特集团在中国区有 5 家工厂,分别是昆山工厂、苏州工厂、上海工厂、东莞工厂以及无锡工厂,各自研发的产品不同,力特集团已经在行业中建立了广泛和全面的电路保护产品系列和产品线,是世界较大的电路元器件供应商,也是世界较大的电路保护品牌。利韬公司的工厂于 2007 年成立,目前为止用于培训的面积大概 30 多亩,员工 400 余人,最多时曾达到 4 000 余人。利韬公司主要产品用于电子、汽车以及通讯领域,已做过以下三个认证:ISO16949、ISO9001 和 ISO14000。利韬公司近年来的几类产品主要是用于电路保护,公司规模小,产品比较简单,研发的产品属于小众产品,但市场占有率高。

利韬公司与汉达精密均坐落于昆山综合保税区,继对汉达精密调研之后,课题组又对利韬公司进行调研,与公司高层领导围绕流通话题展开交流。

7.9.2 访谈主要内容

(1)研发产品的总体情况

技术:采用电路保护技术,此类技术主要应用在手机电池、汽车产品上,涉及范围广阔,包含工业和商业领域。

市场及原料:年产 MHP 电路保护产品在国内市场占有率低,其中 15% 的市场在国内,85% 的市场在国外。产品原材料本土化程度高,以国内采购为主,关键性材料大多从国外进口,由管理部门统一采购。国内外某一种原材料采购量的成本占比大概各占 50%,国外采购的都是国内技术和某个方面达不到标准的材料,原材料能够本土化采购的基本已经完成本土化。选择从国内采购材料主要是因为物流时间短,面对突发情况能够及时供应。

(2) 成品运输

以前运输方式较为单一,只有空运。自 2020 年新冠疫情暴发以后,运输方式开始增多。目前为止,去美国的有空运、海运,去欧洲的有空运和陆运,其他国家如新加坡、日本以及东南亚一些国家等,基本保持以空运为主。

(3) 人员规模

在 2016 年 3 月之前,目前利韬公司的所在地是另外一家公司。那时,那家公司原本有三个事业处,其中一个事业处很早就关了,第二个是人数最多的事业处,因为产品转型或者自己重新定位,把生产线移到了上海、青岛、东莞的工厂里,第三个事业处连带主厂房卖给了利韬公司,利韬公司为提高生产效率精简人数,公司人数从 1 000 多人减少到现在的 400 多人。原手工装配等大量的工作,不但效率低下,而且带来的成本非常高,利韬公司多年来一直在提高自动化水平,很大一部分员工因为自动化水平的提高而被裁掉。

(4) 数字化进程

利韬公司认为所谓数字化就是用相关数据去控制公司生产、管理,利韬公司有 OA 系统,整个装备采用电脑、显示屏幕系统控制,但是数据输出不够专业、不够智能。利韬公司现在还未实现从投入到产出整个完整过程的数据联动。但经过调研,发现目前还没有企业能完全做到全过程数字化。

(5) 销售情况

2020 年上半年利韬公司销售情况与 2019 年上半年相比下降了 10%,但 2020 年全年却比 2019 年上升了 4%。因受新冠疫情和国外局势影响,疫情期间学生需要上网课,对电子产品需求量大增,所有的电脑制造商几乎全天候在工作,给利韬公司带来了部分订单,再加上自身的拓展,预计 2021 年上半年比 2020 年上半年应该能增长 50%,整年度有可能会因为下半年订单数量减少而有下降的趋势,但仍然有可能保持两位数增长,因此总体来看,利韬公司的营业额是增加的。

（6）运输成本

新冠疫情期间，从企业成本来看，运费最高的时候是运往美国竟然达到每千克 100 元人民币。在 2019 年利韬公司都是用空运，但是到 2020 年以后，发现运费太高，承担不起了，开始进行运费评估，最终选择用卡车运输。近期，海运集装箱运费开始飙涨，特别是欧洲航线，三大港已经全部满了，最近去欧洲的集装箱可以说是一箱难求。利韬公司也曾考虑过使用中欧班列，但中欧班列存在一个问题，就是中欧班列在高峰期时根本安排不到。中欧班列预付箱成本高，且不接区内的货，不接特殊加工区域的货，只接区外的。并且受海关制约和成本等多方面的问题，中欧班列在 2020 年最紧张的时候比卡车运输还难。

（7）公司利润

产品的销售价格确定有专门团队负责，他们会去和不同的客户谈价格。总公司存在利润指标，是算最终卖出去的产品利润，而不是算某一道程序的利润，比如利韬公司卖给内部 A 公司，然后 A 公司卖给了内部 B 公司，B 公司再卖给客户，总公司的利润计算是最终卖给客户的利润，而不计算 A 公司卖给 B 公司的利润。

总公司有较为严格的利润要求，如果 A 公司增加了，B 公司得降下来，需要去平衡。若新冠疫情前后产品没有大的变化，一般认为产品的利润是差不多的，但不能太低于以前的利润。在疫情情况下，运费必会上涨。运费上涨之后，销量、产量也有了增加。总公司会要求利韬公司控制费用，通过控制费用来保持同等利润，而且还至少要有一个平缓的增长。

（8）构建现代流通体系的建议

从物流体系上看，这是一个全球性的物流问题，不是某个省或者是某个企业能解决的；从政策方面看，政府体系已经很完善了，但出现异常情况时，没有更好的、及时的措施应对。希望政府能多准备一些船，多提供一些集装箱，多开几列班列；在疫情期间，给予企业一些成本上的补助。有些企业有成本上的补助，但只是在 2021 年年初有。政府一直对企业有一些奖励补贴政策，不过利韬公司因为规模小，再加上这两年门槛有点高，不能享受奖励补贴政策。

（9）员工对公司的认同感

疫情是一个突发情况，出现了疫情，政府应该想到应急预案。政府现在更关注的是"十四五"期间国家的高质量发展，还要规范化、标准化、集约化、高效化，产业要数字化。利韬公司在各方面符合国家政策,遵守各项法规,包括环保、员工待遇。利韬公司里工作超过 10 年的员工非常多,之所以这么多超过 10 年的员工留下来,是因为他们对公司是有认可感的,对公司福利待遇等各方面都是很满意的。

(10) 校企合作

政府带着企业去找学校合作,这些企业都是大企业,年产值都在百亿千亿级别,但利韬公司目前规模太小,校企合作有些困难。利韬公司发现整个市场对技术工人较为欠缺。文化程度不高的技术工人可以直接上生产线成为操作工。学生一旦读到大学本科,文化程度高了,其实是不愿意上生产线做一个技术工人的。目前利韬公司紧缺的是会注塑、冲压的人才。

利韬公司的技术工人的薪水是有弹性的,需要看不同的技术层面。如果某个技术工人有技术或者很专业,或者是这方面的行家,那么这个技术工人的薪资是不会低的。

利韬公司需要大学生具备坚韧精神,能不断发现问题;有毅力,面对困难不是打退堂鼓,而是不断地学习,肯钻研。如果大学生可以沉下心来努力,未来的收入还是非常可观的。

7.9.3 小结

昆山利韬电子有限公司与中车戚墅堰机车车辆工艺研究所有限公司、汉达精密电子(昆山)有限公司等制造企业在发展过程中有着共性的问题,主要包括:①运输成本高,海运缺集装箱、缺舱位;②人才流动大,招工难,特别是技术技能型人才,都需要懂设备维护、生产技术的人才。

7.10 苏州商会电话访谈

7.10.1 引言

1992 年 12 月,苏州市商会挂牌成立。经苏州市民政局批准,2007 年 1 月 18 日苏州市商会更名为苏州市总商会。苏州市所辖张家港市、常熟市、太仓市、昆山市以及吴江区、吴中区、相城区、虎丘区、姑苏区、苏州工业园区都建有工商业联合会(商会)组织。

课题负责人 2021 年 8 月与苏州睢宁商会会长进行电话访谈,对前期调研所挖掘的江苏流通体系问题再次确认,以求精准把握痛点及堵点。访谈主要围绕多式联运、货车运输成本、信息化环境、网点布局、物流园区、农村快递、港口、海运、空运、仓库等话题进行。

7.10.2 访谈主要内容

(1) 多式联运

① 时间消耗

物流企业中,通过开展公铁联运、水铁联运这种方式的多式联运有很多。在多式联动的转运过程中,卸、送、分拣都需要时间。一般而言,装、卸各需要 1 个小时,分拣还需占用额外的时间。除耗时以外,还有卸、送、分拣对于人力、财力上的消耗。

② 面临的困难

前几年由于电子商务的兴起带动物流的发展,物流市场广阔,饱和程度不高,很多企业也因效益不好而转型做物流,导致物流行业出现疲软、饱和、竞争。一些大企业,包括国企、央企的业务外包,都是走开标流程。但是在开标过程中,也存在一些问题,即每年都开标,年年只开一次标。大企业为了降低物流成本,让物流企业之间相互竞争,物流企业都去竞标,谁价格低就给谁做,因此很多小物流企业也就无法生存下去。

目前多式联运的高峰期已经过去了。但是物流企业仍有好多业务采用多式联动,主要是为了完成地方经济任务,即税收任务。现在物流行业的税率变为 9 个点,同原来的 11 个点相比,降了 2 个点,这样的状况对小物流企业不利,可以说是无法生存。

③ 出现困难的原因

a. 城市控制

当货物进入一个城市进行配送,配送货物是需要审核的,这是一块很大的市场,每个城市都有相应的控制措施。很多由城市外进入的大车,大车上的货要先进入仓库,卸下来再由小车送出,小车也需要通行证才能进入城市。

b. 仓储网点偏远

由于近几年仓储费用的上涨,使得仓储行业被迫迁移到偏远的镇、郊区。也因如此,导致物流成本的增加。现在物流业每年下滑的利润都相当大,在市场饱和的情况下,只能维持生存。

c. 资金链断裂

如果在这期间物流企业出现问题,导致资金链断裂,企业无法周转,就会面临倒闭。

d. 招标成本

购买标书、投标均需要付钱,这都对物流业造成了压力。招标本意是来扶持中小物流企业,但是落到实处就变了味,部分人利用招标去赚钱。很多物流企业买到招标书后,面对那些霸王条款更为头疼,钱花了,但是没办法竞标。通行证、营业执照、货物保险、汽车保险、行驶证明这些手续都齐全,物流公司规模发展情况也都能在网上查到。但是总会因为一些条款、一些费用,而无法承接这项业务。建议取消招标收费制度,减少招标造成的时间浪费。本身双方都是长期战略合作伙伴关系,但是每年依旧需要花费时间和资金进行投标招标,致使成本上升。为了今年的标,物流企业需要配置不同的资产投入,但今年这一单完成了,明年就有可能接不到单,那么物流企业的前期投入,很可能不再使用,就会造成资金上的浪费。如果招标不中,那么所有的时间和努力都会变得白费,这让小物流企业没有更多的时间将自己做大做强。

(2) 货车运输成本

货车办理电子通行证的数量是限定的,此外对货车进城有高峰期、"朝九晚五"的要求,所以真正可以办到电子通行证的货车很少。如果不考虑办理电子通行证及高峰期、"朝九晚五"的时间成本,驾驶员进城给商家上货,在不超重的前提下,每天耗费 100 元的油,再除去驾驶员每天 200 元左右的工资,成本就是 300 元。倘若再增加一个人,成本便提高到了四五百元钱。再假设,超载被处罚六分,车被扣留,那么就很难运营。若不超载,当去掉开支后就很难盈利,再加上购置较为经济的货车,每年也要消耗折旧、保险的费用。

(3) 信息化环境

物流业需要的信息化技术很多。苏州商会每年都会通过百度、千里马这些信息化平台寻找客户。当货送到北京、上海以后,就要考虑返程。如果空车返程,成本会很高,所以此时便会借助信息化技术来减少成本。虽有无车承运人平台,但这个平台满足不了市场。对于市场来说还是太小了,现在物流业和生产企业联系非常紧密,从生产线出来的产品直接就到物流公司了,分拣、包装、物流配送都是一体化完成,产品直接入库。生产厂家的生产信息直接上传至物流网络。

如若有人下单,货物会按时送达。信息技术的使用明显降低企业运营成本。

(4) 网点布局

进行布局网点有利于流通。有网点,货车就有装货点,由此减轻了很多负担。网点在大中城市发展还是比较好的,对于农村、贫困地区发展不是那么健全。因为,没有物流企业来做网点,成本太高。举例来说,新疆的网点不需要招标,但是没人愿意去做,因为那里地域宽广,从这个县城到另一个县城要跑四五个小时,成本太高。现在的运输就像运动员跑接力,没有网点很难做。近些年国家提倡扶贫、脱贫,如果可以将农副产品直接送到网点,再把网点的货送出来,网点的活力就会得到大幅度的提升。这个市场是很大的,对农民也有助力。很多农村的西瓜、西红柿之类的农产品拉不进城里、卖不出去,都扔在地里烂掉,很可惜。如果有网点,司机送到目的地,周转一下就可以完成,从这个点到那个点,送到城里就能卖个好价钱。这样农民、物流企业也都会从中受益。

(5) 物流园区

目前有相当一部分物流园区招不到入驻企业,这不仅仅是园区周边没有成熟的工业企业、产业链、上游企业的问题,还需要看到在园区投资很大,而成本的回收寥寥无几,时间、银行利息都是要算进去的。每月入不敷出的物流企业是不健康的,很快就会倒闭。很多物流企业需要重新定位、需要转型。如果所有人都做电商、做物流了,会把市场搞得不健康,因为市场本身需求量是有限的,再去投资,几乎就没有回报了。

(6) 农村快递收费

在农村,寄存在小超市等地点的快递需要收取一定的费用。农村快递的收费存在加价的现象是不合理的。寄存在这个点,应按标准收取费用,因为收取的快递费用中,已经包含这部分费用,再收便不合理。

(7) 海运集装箱

由新冠疫情导致集装箱短缺,船在安检方面比较严格,进出口都受到控制。现在船运行业成本翻倍增长,运输成本涨了,有的集装箱不消毒,过不了安检,有好多集装箱公司因无法达到标准,进入不了市场,于是造成集装箱紧张。疫情期间,国外对国内货物的需求量比较大,而国内对国外的需求量又比较少,这就造成集装箱很难运回来的现象,导致成本升高。这对物流企业来说就是压力,就像送出去是满车的货,回来是空车回来,费用高了。陆运、铁运、海运都有一定的费用标准,如果没有回货返回来,那么费用就会往上调。

(8) 港口、空港与货车对接

政府非常重视港口发展,因为政府的扶贫政策,使得外贸进出口更加方便,这提供了一个非常好的国际市场。尤其是南通港,投资力度非常大,现在都是机械化操作、无人驾驶,港口码头只需要一台电脑在那操作,集装箱直接装车卸车都是机械化操作,都是数据把图规划好之后,按规划来执行,这样成本就能降低。现在机械化作业非常快,到达每个地方的时间都能算出来。比如从南通到南京、从南通到苏州需要多长时间,假设客户企业有仓库,就能从客户企业的网点提货,这成本就低了。通过像"三通一达"把信息传递下去,物流公司直接上客户企业仓库拉货,物流公司接下业务,只需中转就行。这样的业务本质就是一个数字,靠的是量大。现在这个市场发展不是太好。另一种,客户企业只要进口货物,从物流公司仓库周转一下,再运到全国各地,这叫周转、枢纽。双方交接中只要做好三点,即交接验收、购销核对、平衡合拢。交接验收,即客户发来十个集装箱,物流企业收到十个集装箱。购销核对,即品种核对。平衡合拢,即最后看进去的量和出去的量是否平衡。利用大数据系统,举例来说,10 000件货今天发了8 000件,仓库还有2 000件,每天这个口是要合起来的,这就是数字化控制,其不会出现货物短少的问题,没有风险性。

对于空港,物流公司的车也是直接到机场去装货或送货。只需要把双方关系规划好,进行数据化管理,扩大吞吐量,一旦形成规模,就会有相关企业前来洽谈,这是个好的市场,做起来是相当大的。

(9) 企业海外发展

越来越多的企业向海外发展,得益于国家银行小微贷款方面力度大、公司正常化、合理化的运作以及制度好。当企业有好的资本,这确实是个好的发展方向。

(10) 仓库利用率

现在仓库利用率非常不错,很多企业都买地皮建物流仓库对外出租、做买卖。这是一个很好的市场。租的人非常多,有很大的需求。租仓库也方便,谈好价钱,安装好机械设备就能运营了,做仓库这块是一个好的市场。需要注意,仓库设备与存放产品是配套的,承接不同业务项目所需的设备是不一样的。即需要进行什么样的生产就购买什么机械。一般的,出租时只需要把水、电、网络搞好。同时,仓库选址也非常重要。

(11) 流通重要性

国家非常重视流通,要把经济搞活,经济发展快的地方要带动经济发展慢的地方。苏南带动苏北,落后的地方要把一带一路做起来。在电通、路通、水通的基础上,运输通、物流通,市场经济就搞活了。一带一路,有线路,江苏有江苏线、安徽有安徽线,一路过去方便带货。流通网络化、数据化,需要把老的模式经验和新的发展理念综合起来。结合老的经验,使用机械化、智能化将成本降下来。

7.10.3 小结

通过长达两小时的电话访谈,苏州睢宁商会会长详细解释了以下问题:①物流企业做多式联运成本高,多式联运热度消减;②货车进城难,电子通行证办理耗时、耗力;③农村快递收费不规范,加价收费不合理;④因疫情影响,集装箱受管控,一箱难求。这些问题为课题关键举措的提出,提供了思路。

8 结　语

现代流通体系是支撑新发展格局下国内大循环、国内国际双循环的重要载体。江苏在努力推进"强富美高"宏伟蓝图变为现实图景之际,要深入贯彻江苏省十三届九次全会提出的加快畅通经济循环要求,打破区域差异,健全"干线—支线—末梢"的现代大流通循环体系,做到干线集约化、支线高效化、末梢活跃化,实现省内一体化发展,将流通领域的建设成果打造成样板并辐射到全国,形成示范引领效应。

然而,目前江苏在提高流通资源全要素生产率、增强经济发展新动能、助力长三角湾区高质量发展等方面的优势尚未凸显。为深入践行"十四五"时期江苏"争当表率、争做示范、走在前列"新使命新要求,通过问卷调查、实地调研、官方权威数据等,分析江苏现代流通体系建设的现状、问题及制约因素,提出江苏现代流通体系构建的关键举措。本书主要工作总结如下:

(1) 江苏现代流通体系的建设现状分析

通过资料检索、问卷调查、实地调研,梳理了江苏流通体系政策,分析了流通网络、农村流通体系、物流企业、外贸企业的现状,认为江苏流通基础设施和网络已初步形成,但与流通体系高质量发展仍有差距。

(2) 江苏现代流通体系存在的问题及制约因素分析

针对流通网络、农村流通体系、物流企业、外贸企业的现状数据,进一步分析存在的问题,并提炼问题的制约因素,主要包括基础设施网络制约、机制体制制约、信息制约、信任制约、人才制约等。

(3) 国内外现代流通体系建设的成功经验

总结世界三大湾区,即旧金山湾区、纽约湾区、东京湾区的特征及创新发展路径,分析国内粤港澳大湾区、环杭州湾大湾区的特色做法,归纳国内外典型湾区的经验启示:做好跨区域的顶层规划设计、依托港口作为融入全球化发展的窗口、构建高效综合的立体交通体系、形成跨组织的产学研联合体、提供强有力的金融服务、塑造开放多元包容的文化环境等。

(4) 江苏现代流通体系构建的战略思路

基于扎根理论,将前述分析所得的问题进行逻辑依归,得到现代流通体系网络图模型,进而构建"一营、二建、三转、四培、五通"的现代流通体系战略思路,将营商环境优化、流通网络建设、流通体系数字化转型、企业品牌培育及人才培养、现代流通体系互联互通作为一个有机整体。

(5) 江苏现代流通体系构建的关键举措

在战略思路下,提出关键举措,一是优化双链的空间布局,打造互联互通大流通体系;二是健全流通网络体系,加快干支末通道融合发展;三是畅通流通神经末梢,提高流通主体核心竞争力;四是提升数字治理效能,培育流通主体发展新动能;五是搭建校企合作平台,加快技能型人才分层培养。

(6) 江苏现代流通体系构建的质性访谈

选取机场、港口、铁路、物流、制造等代表企业,如南京禄口、南通港码头、常州录安洲、新长铁路、政成物流、飞力达、中车戚墅堰、汉达精密、利韬电子、苏州商会等,进行实地及电话访谈,梳理访谈内容,为江苏流通体系的现状、问题提炼、战略思路、关键举措提供翔实、准确的资料。

本书以江苏现代流通体系为研究对象,自底向上收集数据、分析问题与制约因素,自顶向下构思战略、提出举措,取得了较为丰硕的成果。但仍存在一些不足和问题,主要包括:

(1) 适当扩充调研样本

本书针对江苏流通体系的通道、场站、农村"最后一公里"、流通企业等设计调查问卷,发放问卷近千份,深入一线开展质性访谈,调研企业、乡镇及相关部门近30家,样本量还不够充足,可以进一步充实样本量,以使江苏流通体系中的痛点、堵点问题更聚焦、更突出。

(2) 对策建议的适用性和推广价值仍有待进一步验证

本书针对江苏流通体系构建提出的对策和建议,是否对长三角周边省份乃至全国有较好的适用性和推广应用价值,仍有待于进一步论证。在后续的深入研究中,可以进一步开展跨省调研,比较不同省份的数据,以挖掘不同省份流通体系的共性问题及江苏流通体系的个性问题,以更好地将流通领域的建设成果打造成样板并辐射到全国,形成示范引领效应。

未来,在本研究成果基础之上,可以对以下问题进行深入研究:

(1) 智慧交通治理研究

智慧交通是未来交通的发展方向。伴随着先进的信息技术、数据通信传输技术、电子传感技术、控制技术及计算机技术等有效地集成运用于整个交通管理系统过程时,基础设施硬联通与制度规则软联通打通、部门之间的协同管理、信息共享及安全保障等都是亟待解决的问题,关系着"陆、海、天、网"四位一体真正互联互通。

(2) 绿色低碳流通体系研究

碳达峰是碳中和的基础和前提,"十四五"期间最重要的目标之一就是碳达峰。未来需要系统地对流通体系的绿色低碳评价标准、仓储设施设备的升级及智能化、运输工具的环保及路线优化、流通企业的收益-成本分析等进行研究,提出流通体系实现绿色低碳的对策及措施。

(3) 供应链创新模式研究

国家两业融合(先进制造业和现代服务业融合)实施意见指明了两业融合成为推动制造业高质量发展的重要支撑。依托数字化时代背景,两业融合的推进需要新的供应链模式支撑。研究供应链创新模式,以更大幅度减少不确定性和不稳定性,实现供应链系统内底层资源的自组织和协同自治,规模化降低资源投入,促进两业深度融合,加快高质量发展步伐。

附　录

附录1　农村物流"最后一公里"调查问卷

您好,感谢您在百忙之中抽出时间来参与此次问卷调查。本次调查仅供课题研究和数据分析之用,不涉及隐私,无须署名,请根据您的实际情况如实填写,谢谢配合!

1. 请问您的年龄是
   ○ 18岁以下　　○ 18～45岁　　○ 45岁以上

2. 请问您的性别是
   ○ 男　　○ 女

3. 您的月收入多少
   ○ ≤1 000元　　○ 1 000～2 000元
   ○ 2 000～4 000元　　○ 4 000～6 000元
   ○ 6 000～8 000元　　○ >8 000元

4. 每月接收快递多少次
   ○ 1～3次　　○ 4～6次
   ○ 7～9次　　○ 10次及以上

5. 您能够承受的取件点距离是多少
   ○ <1公里　　○ 1～3公里
   ○ 3～5公里　　○ 5～8公里
   ○ >8公里

6. 您最常用的快递签收方式是什么
   ○ 到代签点签收　　○ 等待快递员送货上门
   ○ 到专用自提点取件　　○ 其他(如他人代收等)

7. 请问您到距离最近的快递收取点需要多长时间
   ○ <5分钟　　○ 5～20分钟

○ 20~40 分钟　　　　　　　　　○ >40 分钟

8. 您所在村庄(乡镇)的物流配送方式主要是
　　○ 送货上门　　　　　　　　　○ 乡镇商店代理点自取
　　○ 乡镇综合网点自取　　　　　○ 去县城网点自取

9. 您所在乡镇现有的快递物流点类型有_____［多选题］
　　□ 镇一级的快递站　　　　　　□ 乡一级的快递站
　　□ 村一级的快递站　　　　　　□ 镇一级的快递柜
　　□ 乡一级的快递柜　　　　　　□ 村一级的快递柜
　　□ 快递定期送上门

10. 您所在地快递网点主要是以下哪个
　　○ 菜鸟驿站　　○ 丰巢柜　　○ 便利店或超市　　○ 邮政直送
　　○ 其他_____

11. 您觉得目前您所居地快递营业点存在的主要问题有哪些［多选题］
　　□ 派件效率低下　　　　　　　□ 不能够提供多样服务
　　□ 收费不规范　　　　　　　　□ 安全性较低
　　□ 网点布局不合理　　　　　　□ 其他_____

12. 您是否去过离您家最近的快递代理点领取过货物或者办理寄件业务
　　○ 只去办理过寄件业务　　　　○ 只去领取过货物
　　○ 既领取过货物也办理过寄件业务　　○ 都没有去过

13. 取件时经常出现的问题是什么［多选题］
　　□ 货物损坏　　　　　　　　　□ 取件时间长
　　□ 快递点人员服务态度差　　　□ 到货通知不及时不准确
　　□ 其他_____

14. 一般情况下,您去领取货物时,快递代理点是否会收取额外的费用? 如果收取,那么收取了多少
　　○ 不会　　　　○ 会,一般收取_____元

15. 一般情况下,快递代理点会以什么样的方式通知您去领取货物
　　○ 电话　　　　　　　　　　　○ 短信
　　○ 电话、短信都有　　　　　　○ 其他方式_____

16. 快递到达指定地点后,您会怎么做［多选题］
　　□ 当天取走　　　　　　　　　□ 顺便取走

☐ 特定的时间去取(如赶集时) ☐ 让人代取

17. 您认为"快递进村"会带来什么好处[多选题]

☐ 生活和网购更加便利

☐ 促进优秀人才回流,吸引外出务工人员回乡创业

☐ 拉动村民就业,提高收入

☐ 促进电商发展,推动农产品走出去

☐ 其他

18. 您期待农村地区出现专业、规范化的快递点吗

○ 期待　　　　　　　　　　○ 非常期待

○ 可有可无　　　　　　　　○ 无所谓

○ 不期待

19. 您认为农村居民更喜欢哪种快递取件方式

○ 镇上代理点自取　　　　　○ 每个村设置暂放合作点

○ 在村委等公共场所设置快递柜　○ 快递企业合作建立区域派送点

20. 您认为影响农村居民网购的因素有哪些[多选题]

☐ 没有网购习惯　　　　　　☐ 担心支付安全

☐ 取件太远　　　　　　　　☐ 年龄大不会网购

☐ 其他＿＿＿＿＿

21. 您觉得阻碍农村物流发展的最关键因素是什么

○ 农村物流基础设施落后,信息化程度低

○ 农村的交通不便,地点分散

○ 取件不方便,快递费高

○ 农村需求水平低

○ 政策支持不足

22. 您认为目前农村快递存在哪些问题[多选题]

☐ 物品丢失或损伤

☐ 快递价格不规范(额外收费/价格不确定)

☐ 没有及时送达

☐ 需要自己取货、快递取货点分散

☐ 服务态度差

☐ 其他＿＿＿＿＿

23. 您对乡镇快递未来的发展有什么期望
    - □ 农村地区增加快递点
    - □ 快递配送到家
    - □ 快递点工作人员良好的服务态度
    - □ 减少取件时的等待时间

24. 您认为目前快递进村存在的问题有哪些[多选题]
    - □ 乡镇营业网点不规范,信息化程度低
    - □ 村民对网购的认可度不高,缺乏信任
    - □ 乡村揽件量少,派件成本高
    - □ 快递从业人员不足且业务水平不高
    - □ 其他_____

25. 您觉得"最后一公里"配送哪些环节不完善[多选题]
    - □ 运输
    - □ 仓储
    - □ 分拣包装
    - □ 流通加工
    - □ 信息处理

26. 您认为阻碍农村快递发展的原因有哪些[多选题]
    - □ 交通网络不发达
    - □ 设施落后、信息化程度低
    - □ 物流分散、配送效率低
    - □ 快递恶性竞争、不规范
    - □ 其他_____

27. 您觉得农村快递需要更加完善哪些方面才能满足您的需求[多选题]
    - □ 配送速度
    - □ 服务态度
    - □ 包装质量
    - □ 配送价格
    - □ 其他_____

28. 您认为以下哪些措施可以促进"最后一公里"的发展[多选题]
    - □ 建立村级智能投递柜
    - □ 完善农村物流基础设施
    - □ 健全农村物流网络
    - □ 增加专业人才
    - □ 扶持农产品电商
    - □ 其他_____

29. 调研所在地
    - □ 城市
    - □ 县城
    - □ 乡镇(街道)
    - □ 村(社区)

30. 具体地址:_____省_____市_____县_____乡(镇)_____村。

再次感谢! 南京工业职业技术大学课题组

附录 2　物流企业调查问卷

感谢贵企业参与南京工业职业技术大学关于江苏省现代流通体系建设课题的问卷调查，请结合企业发展实际如实填写相关问卷。问卷内容仅用于课题研究，我们承诺将对企业填报内容保密，未经企业同意，不得将其提供给第三方。如贵企业在填报过程中存在任何疑问，可联系南京工业职业技术大学商贸学院。

1. **基本信息**

    企业名字：_____

    企业入驻_____园区/港/经济区

    成立时间：_____年，注册资金_____万元，2020 年营业收入规模：

    □ 1 亿元以下　　　　　　　　　□ 1 亿~2 亿元

    □ 2 亿~5 亿元　　　　　　　　□ 5 亿~10 亿元

    □ 10 亿~15 亿元　　　　　　　□ 15 亿~20 亿元

    □ 20 亿元以上

    企业周边是否有产业园，是□，　否□，有_____产业。

2. **贵企业性质及资本构成**

    是否上市企业　　是□　　　否□

    □ 国有或国有控股　　　　　　　□ 民营资本

    □ 港澳台投资企业　　　　　　　□ 外商投资企业

    □ 混合所有制　　　　　　　　　□ 其他_____

3. **贵企业类型**

    □ 港口企业　　　　　　　　　　□ 航运企业

    □ 铁路运输企业　　　　　　　　□ 道路运输企业

    □ 邮政快递企业　　　　　　　　□ 无船（车）承运人

    □ 货运代理企业　　　　　　　　□ 第三方物流企业

    □ 其他_____（请说明）

4. **贵企业主要经营业务[多选题]**

    □ 铁路运输　　　　　　　　　　□ 港口业务

☐ 港口铁路业务　　　　　　　☐ 水运业务
☐ 公路货运　　　　　　　　　☐ 快递业务
☐ 公铁联运业务　　　　　　　☐ 航空货运业务
☐ 空铁联运　　　　　　　　　☐ 空海联运
☐ 物流信息化国际铁路联运　　☐ 合同物流业务
☐ 物流园区域或场站业务　　　☐ 国际货代
☐ 公铁航水联运业务　　　　　☐ 物流装备租赁业务
☐ 集装箱堆场业务　　　　　　☐ 多式联运经营人
☐ 其他业务(请注明)：_____

5. 贵企业自有仓库面积_____平方米,租用仓库_____平方米,营运仓库平均利用率：
　☐ 30%及以下　　　　　　　☐ 30%～50%
　☐ 50%～70%　　　　　　　☐ 70%～90%
　☐ 90%以上

6. 贵企业每年平均进货量为_____,平均出货量为_____,平均周转率为_____。

7. 贵企业进出货物主要来源地是_____。

8. 贵企业运输方式有哪些[多选题]
　☐ 公路　　☐ 铁路　　☐ 水路　　☐ 航空
　☐ 多式联运

9. 贵企业运输业务类型[多选题]
　☐ 整车　　☐ 零担　　☐ 集装箱

10. 贵企业客户企业规模
　☐ 以小型企业为主　☐ 以中型企业为主　☐ 以大型企业为主
　_____(以上不同规模企业的组合)

11. 贵企业的客户能否访问本企业的网络数据？
　☐ 提供　　　　☐ 不能提供

12. 贵企业货物运输的主要品类是_____。

13. 贵企业提供物流服务的主要种类是：
　☐ 干线运输　　　　　　　　☐ 配送
　☐ 中转运输　　　　　　　　☐ 仓储保管

☐ 货运代理 ☐ 增值服务
☐ 其他_____（请注明）

14. （选做）贵企业是_____（一/二/三）级国际货运代理企业，目前订舱有无困难？
☐ 难度非常大 ☐ 难度很大
☐ 一般 ☐ 没有难度

15. 贵企业的国际货运有无选用中欧班列运输方式？
☐ 有 ☐ 无 ☐ 不做国际货运
如果无，请写明原因_____

16. 贵企业有无海外仓？
☐ 有，数量_____ ☐ 无

17. （选做）贵企业若是港口企业，其港口货物平均吞吐量每年为_____吨，其中集装箱吞吐量_____万标箱，主要运输_____货物，所在港区与_____（公路/铁路/航空）对接。

18. （选做）贵企业若是航运企业，国内货运每年为_____吨，主要运输_____货物，国际货运每年为_____吨，主要运输_____货物，所在机场与_____（公路/铁路/航空）对接。

19. 贵企业承接物流业务的主要方式是［多选题］
☐ 客户主动上门 ☐ 建立长期伙伴关系
☐ 业务网站 ☐ 招投标
☐ 电子商务 ☐ 其他_____（请注明）

20. 贵企业物流服务业务中，排名前三的成本是_____。

21. 贵企业国内国际物流网点布局分布、物流设施设备、劳动力状况、信息系统平台如何？
国内物流网点布局分布：_____
国际物流网点布局分布：_____
物流设施设备先进性：_____
劳动力需求供给状况：_____
人才素质能力要求：_____
信息系统平台智慧性：_____

企业数字化转型程度：_____

22. 企业目前发展面临的最主要问题有哪些？(列举1~2个)想得到政府哪些方面的支持？

　　_____

再次感谢！南京工业职业技术大学课题组

附录3 江苏农村电商调研问卷

您好,感谢您在百忙之中抽出时间来参与此次问卷调查。本次调查仅供课题研究和数据分析之用,不涉及隐私,无须署名,请根据您的实际情况如实填写,谢谢配合!

1. 您的年龄
   - ☐ ≤20 岁
   - ☐ 21～26 岁
   - ☐ 27～30 岁
   - ☐ 31～40 岁
   - ☐ 41～50 岁
   - ☐ ≥51 岁

2. 您的月收入
   - ☐ ≤1 000 元
   - ☐ 1 000～2 000 元
   - ☐ 2 000～4 000 元
   - ☐ 4 000～6 000 元
   - ☐ 6 000～8 000 元
   - ☐ ≥8 000 元

3. 您的居住地是
   - ☐ 城市
   - ☐ 乡镇
   - ☐ 农村

4. 您每月网购的频率是多少
   - ☐ 经常,每月 10 次以上
   - ☐ 偶尔,每月 6 次以上
   - ☐ 很少,每月 2 次或更少
   - ☐ 从不,没买过

5. 您每月收取快递的频率是多少
   - ☐ 经常,每月 10 次以上
   - ☐ 偶尔,每月 6 次以上
   - ☐ 很少,每月 2 次或更少
   - ☐ 从不,没取过

6. 您代别人取过快递吗
   - ☐ 经常,每月 10 次以上
   - ☐ 偶尔,每月 6 次以上
   - ☐ 很少,每月 2 次或更少
   - ☐ 从不,没取过

7. 您邻居网上购物的人多吗
   - ☐ 很多
   - ☐ 一般
   - ☐ 较少
   - ☐ 没有

8. 对于居民网上购物您觉得存在的最大问题是什么[多选题]
   - ☐ 不会操作
   - ☐ 担心不安全会受骗
   - ☐ 取快递麻烦
   - ☐ 快递成本高
   - ☐ 其他

9. 您在网上购物的主要商品种类是什么
   □ 衣物类　　　□ 家电类　　　□ 生鲜类　　　□ 书籍类
   □ 日常生活用品类　□ 其他

10. 您平时购买农产品的途径有哪些[多选题]
    □ 身边超市或小摊　　　　□ 当地农业服务平台
    □ 网购平台(淘宝、京东、拼多多等)

11. 您身边的人通过什么方式把他们的农产品销售出去
    □ 自己拉到集市上销售　　□ 通过网络途径销售
    □ 当地收购　　　　　　　□ 其他

12. 您觉得农村电商发展的阻力因素是什么[多选题]
    □ 没有专业人士指点　　　□ 不懂电商技术
    □ 网络没有全覆盖　　　　□ 物流不发达
    □ 其他

13. 您平时是否关注当地的农业以及农产品信息
    □ 经常　　　□ 偶尔　　　□ 不关注

14. 您认为农户没有在网络上销售自己农产品的原因是什么[多选题]
    □ 产品保质期过短　　　　□ 不懂在网络上如何销售
    □ 物流成本高　　　　　　□ 规模过小
    □ 没有稳定客源　　　　　□ 其他

15. 当地政府对于农村电商是否有金融、税收等方面的补助和支持政策
    □ 有　　　□ 没有

16. 当地是否建有"苏宁小店"等农村电商试验点
    □ 有　　　□ 没有

17. 在网购中,您最注重的问题是什么
    □ 商品价格　　□ 商品质量　　□ 卖家信用　　□ 物流服务
    □ 其他

18. 您认为农村电商建设对于当地的经济发展有帮助吗
    □ 非常大　　□ 比较大　　□ 一般　　□ 比较小
    □ 几乎没有

19. 您认为农村电商建设对农民增收有帮助吗
    □ 非常大　　□ 比较大　　□ 一般　　□ 比较小

☐ 几乎没有

20. 如果当地建立相关农村电商平台,您愿意参与吗

☐ 愿意   ☐ 不愿意

21. 您希望在农村电商发展过程中获得哪些帮助[多选题]

☐ 电商人才帮扶   ☐ 当地政府支持

☐ 电商技术培训   ☐ 资金支持

☐ 其他

22. 您觉得哪些因素制约了电商在农村的发展[多选题]

☐ 信息基础设施落后   ☐ 对电商不了解

☐ 农村物流不完善   ☐ 电商人才缺乏

☐ 对电子交易安全不放心   ☐ 其他

23. 网购中遇到下面的问题,哪个让您最无法接受[多选题]

☐ 收货速度慢   ☐ 货物受损严重

☐ 快递服务差   ☐ 货物发错

☐ 无法投诉   ☐ 其他

24. 对于网上购买的东西您在意到货时间吗

☐ 很在意   ☐ 一般   ☐ 有点   ☐ 不在意

25. 网购过程中您会要求店家给您发指定的快递公司吗

☐ 会   ☐ 不会   ☐ 随便店家发什么快递

26. 您选用快递公司考虑的主要因素有哪些[多选题]

☐ 价格便宜   ☐ 服务态度好

☐ 覆盖区域广   ☐ 送货快捷

☐ 公司信誉好   ☐ 货物跟踪服务

☐ 赔偿明确   ☐ 其他

27. 您当地快递的取货方式是什么

☐ 送货上门   ☐ 自取   ☐ 送达指定地点

28. 您希望哪种取货方式

☐ 送货上门   ☐ 自取   ☐ 送到指定地点

29. 您和快递公司合作过程中有过哪些不愉快的经历[多选题]

☐ 物件丢失   ☐ 物件损坏   ☐ 服务态度差   ☐ 其他

30. 您觉得现在的物流费用高吗

☐ 高 ☐ 一般 ☐ 低

31. 您对农村电商物流的满意程度怎么样

☐ 不满意 ☐ 一般 ☐ 满意 ☐ 非常满意

32. 您认为目前在配送方面影响您满意度的主要原因有哪些［多选题］

☐ 快递成本过高 ☐ 配送时间过长

☐ 不能送货上门 ☐ 配送频率低

☐ 配送过程中货损率高 ☐ 配送过程中物流信息不能实时更新

☐ 其他

33. 您所在的村庄、乡镇有哪些物流快递公司［多选题］

☐ 中国邮政 ☐ 顺丰 ☐ 韵达 ☐ 圆通

☐ 中通 ☐ 申通 ☐ 其他

34. 您最希望农村物流快递公司改进什么方面［多选题］

☐ 价格方面 ☐ 送货速度方面

☐ 配送上门方面

35. 如果配送上门是否愿意付费

☐ 愿意 ☐ 不愿意

36. 您对农村电商物流有什么不满意的地方［多选题］

☐ 配送时间长 ☐ 配送货物完整性差

☐ 价格高 ☐ 服务态度差

☐ 取快递难 ☐ 其他

37. 您认为要发展农村电商物流应该优先解决什么问题［多选题］

☐ 完善农村交通物流网络 ☐ 规范农村物流服务环节

☐ 打造农村物流电商平台 ☐ 开展农村物流电商培训

☐ 扩大农产品销售渠道 ☐ 乡村人才回流

☐ 其他

38. 具体地址：_____省_____市_____县_____乡（镇）_____村。

再次感谢！南京工业职业技术大学课题组

参考文献

[1] 蒋永穆,祝林林.构建新发展格局:生成逻辑与主要路径[J].兰州大学学报(社会科学版),2021,49(1):29-38.

[2] 柴秋星.现代流通产业在我国双循环发展格局中的先导效应研究[J].商业经济,2021(1):44-45.

[3] 谢莉娟,王晓东.马克思的流通经济理论及其中国化启示[J].经济研究,2021,56(5):20-39.

[4] 马克思.《政治经济学批判》序言、导言[M].中共中央 马克思 恩格斯 列宁 斯大林著作编译局,译.北京:人民出版社,1971.

[5] 杨守德,张天义.马克思流通观与当代中国商品流通实践发展借鉴:关于马克思流通理论的再认识[J].哈尔滨商业大学学报(社会科学版),2021(3):107-115.

[6] 依晗.马克思经济学与西方经济学商贸流通理论的比较[J].现代商贸工业,2021,42(7):121-122.

[7] 柴秋星.流通经济学的基本分析范式反思:基于马克思流通理论视角[J].商业经济,2021(2):121-122.

[8] 王雪峰,荆林波.构建"双循环"新格局建设现代流通体系[J].商业经济与管理,2021(2):5-15.

[9] 王晓东,谢莉娟.社会再生产中的流通职能与劳动价值论[J].中国社会科学,2020(6):72-93+206.

[10] 丁俊发.加快建设高效的现代流通体系[N].经济日报,2020-09-30(11).

[11] 王先庆.新发展格局下现代流通体系建设的战略重心与政策选择:关于现代流通体系理论探索的新框架[J].中国流通经济,2020,34(11):18-32.

[12] 赵宇新,孙先民.中国现代流通体系构建研究的方法论选择:马克思流通经济方法论在当代中国的应用与发展[J].商业研究,2021(3):47-56.

[13] 陈文玲.打通双循环的关键堵点[N].北京日报,2021-01-04(11).

[14] 中国社会科学院语言研究所词典编辑室.现代汉语词典[M].7版.北京:商务印书馆,2019:837.

[15] 中国社会科学院语言研究所词典编辑室.现代汉语词典[M].7版.北京:商务印书馆,2019:1288.

[16] 蒙天成,周利国."双循环"新发展格局下现代流通体系发展态势与高质量推进策略[J].

国际贸易,2021(8):46-53.

[17] 闵伟琼.新发展格局下现代流通体系建设面临的挑战与对策[J].商业经济研究,2021(9):15-18.

[18] 曹允春,连昕.现代流通体系支撑新发展格局构建的理论逻辑与实践路径[J].学习论坛,2021,37(1):106-114.

[19] 刘华军,郭立祥,乔列成,等.中国物流业效率的时空格局及动态演进[J].数量经济技术经济研究,2021,38(5):57-74.

[20] 马晨,王东阳.新零售时代电子商务推动农产品流通体系转型升级的机理研究及实施路径[J].科技管理研究,2019,39(1):197-204.

[21] 依绍华.完善农村流通体系 助力形成强大国内市场[J].价格理论与实践,2019(1):40-41.

[22] 韩喜艳,高志峰,刘伟.全产业链模式促进农产品流通的作用机理:理论模型与案例实证[J].农业技术经济,2019(4):55-70.

[23] 周业付.大数据农产品供应链联盟创新体系构建及利益分配研究[J].统计与决策,2019,35(23):47-50.

[24] 马晓河,胡拥军."互联网+"推动农村经济高质量发展的总体框架与政策设计[J].宏观经济研究,2020(7):5-16.

[25] 荆林波,汪鸣,依绍华.统筹推进现代流通体系建设笔谈[J].南京财经大学学报,2020(5):1-14.

[26] 祝合良,杨光,王春娟.双循环新发展格局下现代流通体系建设思路[J].商业经济与管理,2021(4):5-16.

[27] Fearne A, Hughes D. Success factors in the fresh produce supply chain: insights from the UK[J]. Supply Chain Management: an International Journal, 1999, 4(3): 120-131.

[28] Palmer C M. Building effective alliances in the meat supply chain: lessons from the UK[J]. Supply Chain Management: an International Journal, 1996, 1(3): 9-11.

[29] Carriquiry M A. Supply chain management of differentiated agricultural products under imperfect information[D]. Iowa State University. Doctor of Philosophy. 2004.

[30] Aruoma O I. The impact of food regulation on the food supply chain[J]. Toxicology, 2006, 221(1): 119-127.

[31] Kumar R, Agrawal R, Sharma V. Barriers to e-application in agrifood supply chain[J]. Proceedings of SPIE — The International Society for Optical Engineering, 2014, 2710: 646-656.

[32] 赵作权.湾区经济研究综述[J].新疆财经,2021(3):5-16.

[33] 刘艳霞.国内外湾区经济发展研究与启示[J].城市观察,2014(3):155-163.

[34] 王宏彬.湾区经济与中国实践[J].中国经济报告,2014(11):99-100.

[35] 何诚颖,张立超.国际湾区经济建设的主要经验借鉴及横向比较[J].特区经济,2017(9):10-13.

[36] 魏达志,张显未,裴茜.未来之路:粤港澳大湾区发展研究[M].北京:中国社会科学出版社,2018.

[37] 林勇,沈玲娣.湾区之道:世界湾区经济发展模式比较研究[M].广州:广州出版社,2019.

[38] 敖丽红,袁红清.湾区经济发展理论与实践[M].长春:吉林大学出版社,2017.

[39] 杨沐,李明波.粤港澳大湾区建设理论与实践[M].广州:华南理工大学出版社,2019.

[40] 马化腾等.粤港澳大湾区:数字化革命开启中国湾区时代[M].北京:中信出版集团,2018.

[41] 李政道.粤港澳大湾区海陆经济一体化发展研究[D].沈阳:辽宁大学,2019.

[42] 黄凌波.粤港澳大湾区港口竞合关系研究[D].广州:华南理工大学,2020.

[43] 韩炜.国外湾区产业发展模式经验对粤港澳湾区的启示作用[J].中国集体经济,2020(1):14-15.

[44] 梁春树,马明.粤港澳大湾区流通要素整合策略探讨:基于区域协同理论视角[J].商业经济研究,2021(2):17-20.

[45] Arai T, Akiyama T. Empirical analysis for estimating land use transition potential functions — case in the Tokyo metropolitan region[J]. Computers, Environment and Urban Systems, 2004, 28(1): 65-84.

[46] Shinohara M, Saika T. Port governance and cooperation: the case of Japan[J]. Research in Transportation Business & Management, 2018(26): 56-66.

[47] Schafran A. Origins of an urban crisis: the restructuring of the San Francisco bay area and the geography of foreclosure[J]. International Journal of Urban and Regional Research, 2013, 37(2): 663-688.

[48] Walker R. Industry builds the city: the suburbanization of manufacturing in the San Francisco bay area, 1850—1940[J]. Journal of Historical Geography, 2001, 27(1): 36-57.

[49] Cervero R. Jobs-housing balance revisited: trends and impacts in the San Francisco bay area, 1980—1990[J]. Journal of the American Planning Association, 1996, 62(4): 492-511.

[50] Cervero R, Wu K L. Polycentrism, commuting and residential location in the San Francisco bay area[J]. Environment and Planning A, 1997, 29(5): 865-886.

[51] Cervero R, Wu K L. Sub-centring and commuting: evidence from the San Francisco bay

[52] Cervero R, Landis J. Suburbanization of jobs and the journey to work: a submarket analysis of commuting in the San Francisco bay area[J]. Journal of Advanced Transportation, 1992, 26(3): 275-297.

[53] Goldstein S. An authority in action: An account of the port of New York authority and its recent activities[J]. Law and Contemporary Problems, 1961, 26(4): 715-724.

[54] Doig J W. Expertise, politics, and technological change: the search for mission at the port of New York authority[J]. Journal of the American Planning Association, 1993, 59(1): 31-44.

[55] Doig J W. Empire on the Hudson: entrepreneurial vision and political power at the port of New York authority[M]. New York: Columbia University Press, 2001.

[56] 林雄斌.创新交通供给方式 支撑湾区协同发展[N].中国交通报,2019-04-26(3).

[57] Alcobendas M A. Airline-airport agreements in the San Francisco bay area: effects on airline behavior and congestion at airports[J]. Economics of Transportation, 2014, 3(1): 58-79.

[58] Schafran A. Origins of an urban crisis: the restructuring of the San Francisco bay area and the geography of foreclosure[J]. International Journal of Urban and Regional Research, 2013, 37(2): 663-688.

[59] 王亚南,成军,王斌.高职教育专业组群的逻辑依归、形态表征与实践方略:基于253个高水平专业群申报资料的质性文本分析[J].高等教育研究,2021,42(4):84-93.

[60] 宋志金,薛哲.新旧动能转换背景下现代流通体系建设与流通企业品牌培育[J].商业经济研究,2021(13):13-16.

[61] 郭俊敏.农村现代流通主体体系构建的国际经验及发展建议[J].商业经济研究,2021(16):137-140.

[62] 刘泽,王海宁.基于全要素生产率的我国流通业转型发展方式实证分析[J].商业经济研究,2020(15):17-20.

[63] 胡严艺,李斐,祁明明,等.基于枢纽经济特征的国际多式联运物流通道布局研究[J].中国储运,2021(8):91-93.

[64] 张诚,刘守臣.多枢纽混合轴辐式铁路冷链物流网络布局优化研究[J].铁道学报,2021,43(7):1-9.

[65] 喜崇彬.我国航空物流枢纽的建设与发展[J].物流技术与应用,2021,26(4):102-105.

[66] 周瑾.试论铁路集装箱场站布局在多式联运物流网络中的作用[J].物流科技,2020,43(7):101-102+118.

[67] 张弘,昝杨杨.我国流通业与制造业的互动研究:基于动态联立方程的估计[J].贵州社会

科学,2020(8):128-136.

[68] 高爽.区域流通业发展水平与人口集聚空间耦合协调性分析[J].经济问题探索,2020(3):100-106.

[69] 张旭,袁旭梅,降亚迪.需求与碳交易价格不确定下多式联运路径优化[J].系统工程理论与实践,2021,41(10):2609-2620.

[70] 张贵锋,陈明,赵丝莹.多式联运实现多赢[N].人民铁道,2021-10-28(1).

[71] 白杰,孙婉怡,牛诗渊.中国航空货运企业发展物流战略分析[J].安阳工学院学报,2021,20(6):15-19.

[72] 张学刚.补强短板推动集装箱铁水联运高质量发展[J].中国航务周刊,2021(42):23-26.

[73] 张彬.加快提升贸易便利化[N].青岛日报,2021-10-29(10).

[74] 雷立,许燮灵,熊豪,等.省级交通投融资平台数字产业发展模式探索[J].中国交通信息化,2021(10):26-28+30.

[75] 陆民敏.联运畅 动力强 物流兴[N].中国水运报,2021-10-15(7).

[76] 孙孟尧,施科.江苏以智慧绿色铺就可持续交通底色[N].中国交通报,2021-10-14(3).

[77] 谢文卿,吴文娟.内陆港 海港竞争"新高地"[N].中国水运报,2021-10-13(8).

[78] 邵小景.GS1 GSIN和GINC在物流中的使用[J].条码与信息系统,2021(5):12-15.

[79] 冯芬玲,孔祥光,吴庆芳.考虑风险的国际集装箱多式联运路径选择研究[J].铁道科学与工程学报,2021,18(10):2761-2768.

[80] 胡朝晖.加快建设全国性综合交通枢纽[N].中国交通报,2021-09-29(8).

[81] 陈星华,周世超.从艰难起步到趟趟爆满[N].中国国门时报,2021-09-29(1).

[82] 何倩.绿色物流风起 亟待规划先行[N].北京商报,2021-09-29(5).

[83] 胡朝晖.加快建设全国性综合交通枢纽[N].中国交通报,2021-09-29(8).

[84] 本刊讯.交通运输部:推动多式联运发展 优化调整运输结构[J].中国航务周刊,2021(39):17.

[85] 吴书强.优化道路运输结构 促进运输经济发展[J].中国航务周刊,2021(39):52-53.

[86] 中国枢纽港集装箱码头多式联运吞吐量快报[J].集装箱化,2021,32(9):28-29.

[87] 殷子炫.运输方式"手拉手" 连成绿色降碳路[N].中国交通报,2021-09-28(6).

[88] 中国港口杂志社.2021年8月份全国枢纽港集装箱码头多式联运吞吐量快报[J].中国港口,2021(9):31.

[89] 辜勇,李雨,陈句,等.多式联运碳减排研究综述[J].物流技术,2021,40(9):1-5.

[90] 马妙明.以铁路物流中心为节点的多式联运模式设计[J].铁路采购与物流,2021,16(9):56-58.

[91] 张旭,柳佳瑶,袁旭梅,等.不同碳减排政策下考虑规模经济的多式联运路径选择研究[J/OL].工业工程与管理:1-15[2021-10-30].http://h-p.kns.cnki.net.niit.vpn358.com/

kcms/detail/31.1738.T.20210922.1501.012.html.

[92] 张敏编.货代巨头整合 航运市场博弈走入新局[J].中国航务周刊,2021(38):41-43.

[93] 汪文汉,熊航赐.全国示范铁水公空多式联运枢纽港启航[N].长江日报,2021-09-17(4).

[94] 李葆青,孙杨,贺明光.公铁联运冷链物流通道示范工程建设方案及经验启示[J].交通世界,2021(26):1-2.

[95] 本刊讯.辽港集团启动全新跨海货运模式[J].中国航务周刊,2021(37):20.

[96] 阮晓莹. 路网末梢变身区域枢纽 互联互通见证"南宁速度"[N]. 南宁日报,2021-09-09(1).

[97] 张敏.长伟国际:多式联运助力内循环升级[J].中国航务周刊,2021(36):30-32.

[98] 谭志加,曾宪扬,孟强.多式联运网络环境下的内河港口托运人选择分析[J].系统工程理论与实践,2022,42(05):1391-1401.

[99] 黄迪. 多式联运如何实现既连又畅?[N].中国水运报,2021-09-01(5).

[100] 王平莎.考虑运输安全的多式联运路径研究[J].中国储运,2021(9):75-76.

[101] 吴军. 我省电商快件到2025年将基本实现不再二次包装[N]. 河南商报,2021-08-26(A03).

[102] 倪彦博.宁波舟山港对区域经济的影响[J].中国港口,2021(8):11-13.

[103] 江苏省人民政府办公厅.江苏省人民政府办公厅关于印发江苏省"十四五"现代物流业发展规划的通知[J].江苏省人民政府公报,2021(11):14-51.

[104] 江苏省人民政府办公厅.江苏省人民政府办公厅关于印发江苏省进一步完善失信约束制度构建诚信建设长效机制实施方案的通知[J].江苏省人民政府公报,2021(13):28-35.

[105] 江苏省人民政府办公厅.江苏省人民政府办公厅印发关于深化"放管服"改革着力服务"六稳""六保"实施方案的通知[J].江苏省人民政府公报,2021(12):14-28.

[106] 江苏省人民政府办公厅.江苏省人民政府办公厅关于印发江苏省"十四五"现代服务业发展规划的通知[J].江苏省人民政府公报,2021(10):5-38.

[107] 江苏省人民政府.江苏省人民政府关于印发江苏省深化"证照分离"改革进一步激发市场主体发展活力实施方案的通知[J].江苏省人民政府公报,2021(9):6-13.

[108] 曲福田.为现代化新征程注入强大智力动能[J].群众,2021(05):21-23.

后　记

"穷理以致其知,反躬以践其实"。习近平总书记曾指出:科学研究既要追求知识和真理,也要服务于经济社会发展和广大人民群众。"十四五"以来,中国进入高质量发展的新阶段。然而,面对复杂多变的国际市场环境,对外贸易增速放缓、传统比较优势弱化、要素资源流动性受阻,加之新冠疫情常态化的严峻形势,如何构建以国内大循环为主体、国内国际双循环相互促进的新发展格局成为迫切需要解决的重大现实问题。流通体系作为国民经济发展的基础和支撑,在畅通国内国际双循环,打通国内大循环堵点上发挥攻坚作用。为此,探讨新发展格局下现代流通发展战略和关键举措研究将为该问题的解决找到突破口,而这也成为本书研究的基点。

2021年初,商务部下发文件提出"十四五"期间加快建立现代流通体系的"六大提升"行动。围绕这一行动计划,我与学校商贸学院的博士教师开展沙龙研讨,并组建了流通网络布局、流通基础设施、流通主体竞争力、流通发展方式、内外贸易一体化五个项目组,持续深化现代流通体系的相关研究。4月,我牵头申报并获批江苏省社科联和江苏省哲社规划办双立项重大课题"新发展格局下江苏加快建设现代流通体系的战略思路与关键举措研究"。在江苏省社科联召开的课题开题论证会上,项目的研究思路和方案得到了专家领导的一致认可。课题任务下达后,课题组成员分赴江苏的苏南、苏中、苏北典型样区开展大规模实地调研和质性访谈,先后到访南京禄口国际机场、南通港、常州录安洲长江码头等省内各大机场、高铁站、车站、码头等流通中转场站以及南通海门叠石桥、昆山保税区、徐州睢宁县沙集镇、淮安洪泽区电商产业园、宿迁泗阳县和沭阳县等商贸流通企业,获取了大量翔实的一手数据和分析资料。在调研过程中,我们始终践行"从实践中来,到实践中去,把论文写在祖国大地上,使理论和政策创新符合中国实际、具有中国特色"的科学精神,精准把握当下流通领域的大势,通过持续深入的调查实践汲取真经。

从沙龙研讨、申报立项、实地调研、方案论证,到最终提交结项报告并完成本书,一路走来,我们紧盯当下流通体系建设的堵点和难点问题,在充分发挥学校学科和专业优势的同时,深刻领悟习近平治国理政的伟大谋略。"用脚步丈量祖国大地,用眼睛发现中国精神,用耳朵倾听人民呼声,用内心感应时代脉搏",这种敬业乐群、扎根"泥土"、求真务实的研究过程就是最生动的课程思政实践,涵养了团队师生的爱国情怀,坚定了理想信念。

本书是江苏省社科联、江苏省哲社规划办双立项重大课题"新发展格局下江苏加快建设现代流通体系的战略思路与关键举措研究"(项目编号:21WTA-009)和江苏省委农办、省农业农村厅乡村振兴软科学课题"乡村振兴战略下江苏农村电商发展瓶颈及对策研究"(项目编号:21ASS077)的部分研究成果。

撰写过程中,有幸得到了江苏省人大常委会副主任曲福田教授多次亲自指导。省社科联各位领导和专家也给予了倾力指导和关心帮助,在此表示真诚的感谢!

撰写过程中,有幸得到了资深经济学家、南京大学范从来教授的指导与肯定,由衷感谢范教授欣然为本书作序。

撰写过程中,我与课题组成员直面问题、畅所欲言、头脑风暴、思想碰撞,在反复研讨、不断推倒重来的历练中达成共识,形成清晰的研究思路。感谢商贸学院博士教师张瑜、周玮、阮晓文、王桂花、竺杏月、胡志刚、刘畅唱、谈璐、沈新淇、潘崇霞、崔菲菲、朱正浩、陈志嘉、骆飞、顾维苹、杨俊、陈煜、刘粉香、黄正、于彤彤以及团队所有师生成员付出的辛勤劳动,我常常和他们分享自己的感悟:落实立德树人根本任务的最好实践就是走进新时代大课堂,到基层、到一线、到最广大的人民群众中去发现问题并解决问题,唯此,才能产出真正有创新和引领价值的高质量成果。

感谢南京工业职业技术大学各位领导和同事给我提供的良好工作环境和浓郁的研究氛围。感谢学校纪委傅瑞林副书记、张啸宇主任、李晓雯处长、邹烈刚处长以及纪委、监察专员办李力、石娟娟、叶菊珍、刘小敏等诸位同志的通力配合和鼎力支持。

我要感谢我的爱人蒋卫红女士多年来为家庭做出的默默无闻的奉献。感谢我的女儿于嘉茵,面对肆虐的新冠疫情,独自一人顶住无形的精神压力,沉着应对各方面困难,始终坚守在事业第一线。她的坚韧不拔、敬业勤学、果敢达观的品质,给了我巨大的精神动力。我还要感谢我的弟弟王勇、弟媳葛家梅,他们在忙碌事业的同时,多年如一日倾心照顾年迈的父母,为我安心本职工作解决了后顾之忧。

感谢我的恩师、清华大学言恭达教授为我亲赐墨宝"新格局 大流通"。先生在《书学散步》中说:"在读书的天地里,唐宋文化为何达到如此高度?因为它的大格局、大气象、大精神,才有如此大美境界"。读书如此,书法如此,研究亦如此。

在本书即将完稿之时,《中共中央 国务院关于加快建设全国统一大市场的意见》正式发布。如何加快构建新发展格局,推动高质量发展?如何打破地方保护和市场分割,打通制约经济循环的关键堵点,促进商品要素资源在更大范围内畅通流通?所有这些都有待于在今后的研究中继续深化。心中有阳光,脚下有力量,与统一大市场共进步,我们的研究一直在路上!

于林惠
2022 年 5 月于南京仙林大学城